高等学校体育选项课系列教材

浙江省高校体育教材编委会 编

BADMINTON

羽毛球运动

主 编 陈 浩 郑其适 王少春

副主编 陈 剑 薛林峰 颜意娜

ZHEJIANG UNIVERSITY PRESS
浙江大学出版社

图书在版编目（CIP）数据

羽毛球运动 / 陈浩，郑其适，王少春主编. —杭州：
浙江大学出版社，2014.12（2020.3 重印）
ISBN 978-7-308-13670-9

Ⅰ.①羽… Ⅱ.①陈… ②郑… ③王… Ⅲ.①羽毛球
运动—高等学校—教材 Ⅳ.①G847

中国版本图书馆 CIP 数据核字（2014）第 185418 号

本书配有 3D 仿真虚拟动画课件光盘

羽毛球运动

主　编　陈　浩　郑其适　王少春
副主编　陈　剑　薛林峰　颜意娜

丛书策划　黄娟琴　朱　玲
责任编辑　朱　玲
封面设计　续设计
出版发行　浙江大学出版社
　　　　　（杭州市天目山路 148 号　邮政编码 310007）
　　　　　（网址：http://www.zjupress.com）
排　　版　杭州林智广告有限公司
印　　刷　杭州良渚印刷有限公司
开　　本　787mm×1092mm　1/16
印　　张　12.75
字　　数　256 千
版 印 次　2014 年 12 月第 1 版　2020 年 3 月第 4 次印刷
书　　号　ISBN 978-7-308-13670-9
定　　价　35.00 元（含光盘）

丛书编委会

主　　编　于可红　徐剑津

编 委 会　（按姓氏笔画排序）

王乔君　卢晓文　叶东惠　刘建平

李　宁　沈国琴　张　杰　张亚平

陈　伟　陈　华　陈　浩　季建成

金晓峰　周　雷　单亚萍　赵岳峰

胡振浩　段贻民　姜　丽　骆红斌

袁建国　徐晓斌　翁惠根　诸葛伟民

黄　滨　黄永良　程云峰　楼兰萍

虞力宏　滕　青　薛　岚

本书编写人员

主　　编　陈　浩　郑其适　王少春

副 主 编　陈　剑　薛林峰　颜意娜

参编人员　（按姓氏笔画排序）

卢文杰　刘　剑　许婉敏　杜文娅

李敬辉　杨维山　吴秋娟　何　健

何坚东　沈　军　张　丽　陈兰芳

陈坚坚　茅　勇　庞正志　郑　维

姚　远　贺　飞　莫月红　徐　坚

唐　念　崔世君　梁宜勤　潘向阳

前　言

　　高等学校体育选项课系列教材是根据《全国普通高等学校体育教学指导纲要》的主要内容和基本要求进行编写的。可以说是对原有浙江省高校体育系列教材的改版或升级。我们依据这几年教材使用中出现的问题和高校体育在教学实践中出现同一个运动项目想继续选学，会出现重复修学的问题进行了重新编写。为了让学生在高校的体育课程学习中学到更多的东西，并通过高校的两年体育课程的学习，进一步深入了解自己所选运动项目的特点，使体育运动、锻炼更有针对性，使身心得到更好的改善，我们在本系列教材编写中对体育这门课程做了特殊安排。由于高中"体育与健康"课程已实行模块教学多年（浙江省从 2006 年起开始实行），从高中进入大学的学生应已学有 2～3 项运动技能（高中"体育与健康"课要求），进入大学有可能延续自己的兴趣，继续选择该运动项目（自己感兴趣的运动项目，并有一定的技术、技能基础）；也有可能由于大学有了更多运动项目的选择机会，同学们会选择新的运动项目（从头开始学，之前并没有技术基础）。因此我们在编写本系列教材时，较充分地考虑了学生的这种情况和变化，采取了分级编写，即在各运动项目分册中，在体育技能方面均体现初级、中级和高级三级水平。三级水平的划分原则，按初级放低入门要求，便于让没有接触过此类项目的学生可以参与学习，而有学习基础的学生可以直接从中级开始学习，待中级学完后，要求基本掌握高等学校体育课程对该项目的"基本要求"。高级相对要求较高，完成较好的同学已达到高校体育课程的"发展要求"。针对高校学生自主学习能力较强和自主时间较多等特点，系列教材有意识地开发和配备 3D 仿真虚拟动画课件，供学生课外学习和模仿。

　　为了让学生充分了解所选运动项目的特点和掌握所选项目的技术，并能在课外及今后的业余生活中更好地运动和应用，在编写教材时,有意注重针对不同项目的锻炼价值及锻炼注意事项分别进行编写,以便于区分不同项目的特点,既体现了运动的整体锻炼价值,又体现了不同项目的特殊锻炼价值。有利于学生有针对性地选择,使体育能更好地为学生的健康服务;为丰富学生的日常生活服务;为学生更好地融入社会服务;为培养自己坚强意志、竞争意识和合作精神服务。

本系列教材计划编写 12 种,分为运动技术项目类教材和体育理论类教材。包括《篮球运动》《羽毛球运动》《网球运动》《乒乓球运动》《游泳运动》《足球运动》《健身与健美运动》《形体训练与体育舞蹈》《无线电测向与定向运动》《武术运动》《健美操》等 11 种技术项目类教材和《体育与人生》1 种理论教材,以满足不同兴趣爱好的大学生对不同运动项目的喜好。

浙江省高校体育教材编写委员会

2014 年 8 月

目录

知识篇

技能篇

竞赛篇

知识篇

ZHISHI PIAN

第一章　概　　述

◎**本章导读** ···

　　任何一种体育运动项目的产生都有着其独具的历史渊源和文化背景,并在特定的历史条件下不断发展、成熟。集游戏、娱乐、竞技、健身、易上手等特点于一身的羽毛球运动不仅是奥运会的比赛项目,在当下也逐渐成了一项被民众广泛接受和喜爱的体育运动项目。作为热衷参与这项运动的新时代大学生不仅要学习羽毛球的运动技术,还应从文化层面了解羽毛球的历史起源和发展概况,从而更好地理解该运动项目的文化内涵,为进一步学习羽毛球运动技术,提高对羽毛球的全面认识水平提供理论基础。

第一节　羽毛球运动的起源与发展历程

一、羽毛球运动的起源及发展

(一) 羽毛球运动的起源

1. 羽毛球运动的雏形时期

　　现代羽毛球运动诞生仅仅不过一百多年的时间,然而这项运动在人类历史长河中,早就已经有了它的萌芽;它从产生、演变并发展至今,经过了漫长的历程,已成为群众爱好的体育活动,世界上许多国家和地区很早就有类似于羽毛运动的游戏。据《大不列颠百科全书》记载:原始的羽毛球游戏活动至少在2000多年前,就在中国、日本、印度等国流行。虽然由于各地的环境、民俗不同,被冠以不同的名字,但各地的活动在形式及性质上相差无几。

　　据《民族体育集锦》记载:相传,中国在远古时期就有类似于羽毛球游戏活动的存在,例如中国贵州地区苗族民间体育游戏:"板羽球或板毛球"、"打手毽"等,都酷似现在的羽毛球运动。板羽球也称毽球,是用木板拍击用五颜六色的鸡毛做的鸡毛毽为游戏(见图1-1)。打手毽与板羽球制作方式以及游戏规则相近,与其不同之处在于:打手毽是用手来拍击的。从游戏形式、内容到游戏名称分析,打手毽和羽毛球明显有着密切的传承关系。曾任黔

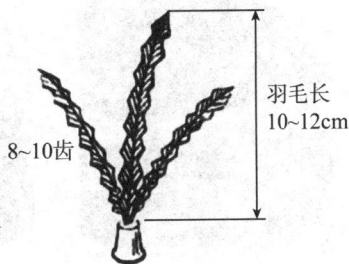

图 1-1　板羽球

羽毛长
10~12cm

8~10齿

南布依族苗族自治州政协文史委主任刘世杰认为,这种体育运动是现代体育项目羽毛球的起源,或者说是羽毛球的原始遗存。《体育辞典》羽毛球词条说:"羽毛球起源于流行在亚洲和欧洲类似毽子的游戏。相传 1873 年从印度回国的英国退役军官将这一游戏传至英国。"而英法传教士早在 1812 年就开始在黔南都匀、福泉等地进行传教。

日本在 14—15 世纪就出现用木板做拍、樱桃核插上美丽的羽毛为球,与中国现在的"板羽球"相似的游戏。由于樱桃核太重,球速较快,致使其较易损坏,加之制作过程繁杂,最终此游戏昙花一现。

印度于 18 世纪出现一种叫"普纳"(Poona)的运动,它与现在的羽毛球运动非常相似,被称为现代羽毛球运动的雏形。其球用直径约 6 厘米的圆形硬纸板或以绒线编织而成,中间插上羽毛(类似于我国的毽子),板是木质的,玩法是两人相对站立,练习者手持木板,将球在空中轮流击出,这项运动在英国驻印度军队里开展得尤其活跃。1840 年,英国驻印度普纳的军官对这项运动进行了改进,他们用酒瓶上的软木塞做球头,插上羽毛,用酒瓶打来打去,后来成为一种游戏,在驻印度军官中流行起来。

2. 现代羽毛球运动的诞生

现代羽毛球运动诞生于 19 世纪的英国。19 世纪 60 年代,"普纳"游戏由英国驻印度军人引入英国,所具有的趣味性受到众多退役军人的认可并迅速得到上流社会的追捧。1870 年,英国出现了用羽毛、软木做成的球和穿弦的球拍。1873 年,英国公爵鲍弗特在其伯明顿庄园里宴请宾客,恰逢下雨,活动改在室内进行。几位驻印度退役军人建议进行普纳游戏。当时室内场地呈葫芦状,他们在场地中间拉了一根绳子代替网,每局比赛只能有两人参加并有一定的分数限制,由于其极具趣味性促使羽毛球运动作为一种高雅的娱乐性活动迅速传遍英国。伯明顿庄园成了现代羽毛球运动的发源地并以庄园的名称为这项运动命名,因此,英语中羽毛球叫做"Badminton"。原来鲍弗特公爵的庄园现在也改名为"羽毛球馆"以示纪念,并陈列着 19 世纪中叶最初的羽毛球拍和球(见图 1-2、图 1-3)。

图 1-2　羽毛球运动　　　　图 1-3　"普纳"游戏　　　　图 1-4　乔丹油画"羽毛球"

据有关资料表明,最早出现有关羽毛球运动的文字记载是法国著名画家乔丹(1699—1779)所画的一幅题为"羽毛球"(The Shuttle Cock)的油画。画中的一名少女,手握穿有网弦的羽毛球拍,球由球托和插有七根不同颜色的羽毛所制成(见图1-4)。

(二) 羽毛球运动的发展

羽毛球运动在其雏形时期由于各地区风俗民情的差异,各自的游戏方式也有所不同。到了现代,羽毛球运动诞生,其规则逐步完善,有利于技战术的发展。

1. 运动场地

因当时在伯明顿庄园所使用的场地是葫芦形,所以直到 1877 年英国出版第一本羽毛球规则之前,羽毛球比赛场地均为葫芦形。这本规则规定了羽毛球场地的形状(长方形),中间挂网的高度以及运动

> 运动场地小,器材简单,活动易上手,运动负荷因人、因技术水平而宜,娱乐性强,羽毛球运动已成为当下人们休闲娱乐生活的时尚方式之一。

双方的要求,但没有区分单双打。1901 年,英国羽毛球协会在修订羽毛球规则时,对羽毛球场地进行了进一步的规定。1939 年,第一本国际羽毛球竞赛规则正式出版,其规定球场长 13.40 米,宽 6.10 米;球场各线宽为 4.0 厘米;球网应为黄褐色,长 6.10 米,宽 76 厘米;网孔应为 1.9 厘米见方;网的上边须缝有 7.5 厘米宽的白布(对折)。场地设备的这一规定延续至今。

2. 运动装备

羽毛球运动装备也是从原始的低级阶段向高级阶段发展的。羽毛球从开始时的硬纸板和绒线团到木托用皮包起来,再发展到用 14～16 根高级羽毛插在软木托上,重 4.74～5.5 克;羽毛球拍从木板发展成椭圆形穿弦木拍,规则规定球拍重 95～120 克;拍框长 25～25.5 厘米,宽 20～20.5 厘米;拍柄长 39.5～40 厘米;到现在球拍的框架,包括拍柄在内,总长度不超过 680 毫米,宽不超过 230 毫米,拍框长度不超过 290 毫米;弦面长不超过 280 毫米,宽不超过 220 毫米,且不允许改变球拍的规定式样。其制作材料经历了从木框钢管拍、铝合金拍、碳素纤维拍到现在使用最为先进的军用材料制作的球拍。运动服装也由原来的长服发展成现在的短裤、T 恤。

3. 计分方式

羽毛球运动刚兴起时,没有人数、分数和场地的限制,练习者只需用球拍互相对击球即可。现代羽毛球运动从伯明顿庄园开始,有了一定的分数、场地、人数限制。随着人们观赏水平的提高及技术和战术的发展,规则也随之变化,出现单、双打场地的区分及发球区的规定,发球得分及发球得分后的换区等规则。为了使比赛激烈、精彩,又规定了双方打满 13 平、14 平(女子单打打成 9 平、10 平)时要进行加分比赛。

国际羽联从 2001 年 6 月开始在国际比赛中实行 7 分制,试行期为 1 年。这种计分方式,受到了广泛抨击。为了羽毛球运动的发展。2005 年 1 月,韩国羽毛球公开赛上,在时任国际羽联副主席和市场开发委员会主席古纳兰的积极推动下,一些正在参加韩国公开赛的选手在非比赛场合中试验了每球得分,一局决胜负的 21 分制。

2006 年 4 月,在日本举行的"汤尤杯"采用了 21 分每球得分的新赛制,5 月 6 日在东京国际羽联大会上进行表决,经国际羽联全体会员代表投票通过,正式启用 21 分每球得分制。

4. 技战术

每次规则的改变都促进技战术的发展。羽毛球运动从开创至今,技战术的发展从简单到全面,从全面到快速灵活,从快速灵活到多变,其中产生了几次飞跃。

第一次飞跃是在开创时期。这一时期英国选手垄断整个世界羽坛,虽然他们的技术比较单一,打法陈旧,几乎没有战术变化,但是他们的技术水平一直处于领先地位,为羽毛球运动传播到全世界立下了头功。

第二次飞跃是在 20 世纪 50 年代至 60 年代中期。这一时期是羽毛球的技术与战术全面发展的时期,男子技术优势从欧洲全面转向亚洲,形成了亚洲人在世界羽坛称雄的局面。这一时期,主要以拉、吊打法为主。

从 1958 年开始,羽毛球技术开始向快速、灵活的方向发展,以较快的速度运用下压抢网和加强扣杀上网的技术打败了以技术性为代表的打法。在这一时期,中国虽然没有参加正式的世界比赛,但技术与战术水平提高很快,达到世界先进水平,体现了快攻打法的特点。快攻打法除脚步移动快以外,还表现在后场跳起扣杀后快速上网高点击球、两边起跳突击、发球抢攻等方面,特别是中国运动员"快、狠、准、活"的技术风格,为推动世界羽毛球运动的发展做出了巨大贡献。

20 世纪 60 年代末至 70 年代初,在研究中国技术特点的基础上,世界羽坛注重速度和进攻,发展了新技术;印度尼西亚出现了具有代表性的劈杀技术以及双脚起跳扣球技术,使世界羽毛球技术水平迅速提高。

第三次飞跃是在 20 世纪 80 年代。世界羽坛技术与战术向快速进攻、全面、多变的方向发展,以中国、印度尼西亚、印度、丹麦、马来西亚、韩国为代表的各国选手打法更全面,变化更多,速度更快,特长突出,攻守兼备而各领风骚,技术已达到炉火纯青的地步,进入世界羽毛球运动史上的巅峰期。

现在世界羽毛球运动技术与战术发展总趋势正在向"快速、全面、进攻和多拍"方向发展,"快速"反映在出手动作、步法移动和判断反应以及战术变化等方面的速度加快;"全面"是指技术全面,攻守兼备,控球能力强,具有良好的身体素质和心理素质;"进攻"是凭技术特长,采用先发制人,积极主动,以抢攻为主;"多拍"是在战术变化中,从若干次攻守回合中,提高控球能力,减少失误,力争主动,控制比赛局面。

世界级优秀选手所具备的基本条件是在快速的运动中能全面掌握和运用各项基本技术,快速能力的体现更侧重于变速进攻,进攻技术也更着重于发展具有个人特色的快速、凶狠的变速突击技术。欧洲选手利用身材高大有力的特点,已从偏重控制底线的打法转向强调进攻、突出发球抢攻、以下压控制网前为主的打法方向发展;亚洲选手则更着重利用自身灵活的特点在技术全面的基础上发展变速突击,打法以拉开结合变速突击为主。尽管欧亚选手在战术的组织上各有其不同的特点,但在突出快速、进攻,强调提高进攻的威胁性和有效率方面却是共同的。同时,对网前的争夺也越来越激烈,除了抢高点击球外,也更重视网前技术的质量与变化,比赛中能否有效地控制网前,已成为高水平运动员获取进攻机会和得分的主要手段。

5. 组织及协会

为了推动羽毛球运动的发展,各国及各地区纷纷建立了各种羽毛球组织。最具有代表性的是1981年由国际羽联和世界羽联合并而成的国际羽毛球联合会。国际羽毛球联合会的成立,为羽毛球运动的发展做出了前所未有的贡献。2006年9月24日,国际羽毛球联合会正式改名为现如今的羽毛球世界联合会。其任务是在全世界普及和发展羽毛球运动,促进各国羽毛球协会的联系以及举办一些国际性羽毛球赛事。

1875年,英国成立第一个军人羽毛球俱乐部。1893年,英国已有14个羽毛球俱乐部,他们举行会议,正式成立了"英国羽毛球协会"。当时,英国羽毛球协会对羽毛球运动的开展、提高和传播起了积极的推动作用。这项运动首先在欧洲传播,然后发展到美洲、亚洲和澳洲。20世纪二三十年代,加拿大、丹麦、马来西亚等国也相继成立了羽毛球协会。

为了推动世界羽毛球运动的发展,1934年,由英格兰、法国、爱尔兰、苏格兰、荷兰、加拿大、丹麦、新西兰和威尔士9个羽毛球协会共同协商成立了"国际羽毛球联合会",简称"国际羽联"。国际羽联第一任主席是汤姆斯,总部设在伦敦。1978年,在中国香港地区成立了"世界羽毛球联合会",简称"世界羽联"。为了推动世

图1-5　国际羽联图标

界羽毛球运动健康、稳步的发展,经过许多国家羽毛球界人士的共同努力,1981年,国际羽联和世界羽联正式合并,成立了"国际羽毛球联合会",简称"国际羽联"(见图1-5),使世界羽毛球运动产生了新的飞跃,出现了欣欣向荣、生机勃勃的景象。目前,国际羽联已有100多个国家和地区参加,1992年,国际奥委会把羽毛球比赛列入奥运会的正式比赛项目,羽毛球运动进入了前所未有的发展时期。羽毛球已成为印度尼西亚的国球。

二、世界(中国)羽毛球主要赛事简介

(一)世界主要羽毛球赛事

为了便于羽毛球运动的发展及普及,国际羽联及各国羽毛球主管部门皆举办一系列羽毛球比赛。部分比赛在各国乃至世界都具有重大影响,下面以各赛事"首届"举办时间为例做简要介绍。

1. 汤姆斯杯(见图 1-6)

汤姆斯杯(Thomas Cup)由第一任国际羽联主席乔治·汤姆斯捐赠,其高 28 厘米,总宽距为 16 厘米,由底座、杯形和杯盖三部分构成,杯身最上端有一个运动员的模型。杯体前部刻有:"乔治·汤姆斯·巴尔特于 1939 年赠送国际羽毛球联合会组织的国际羽毛球冠军挑战杯"。此杯用白金铸成,当时价值 5 万英镑。

乔治·汤姆斯是英国著名羽毛球运动员,自 21 岁开始获得冠军至 41 岁,每年都领衔冠军殊荣。他曾连续 4 次获得全英羽毛球锦标赛单打冠

图 1-6　汤姆斯杯

军,9 次男子双打冠军以及 6 次混双冠军。由于其对羽毛球运动做出的卓越贡献,1934 年 7 月国际羽联成立时,被推举为第一任主席。

1939 年国际羽联理事会上,汤姆斯组织世界男子团体比赛并将为赛事捐赠奖杯的提议得到理事会通过,为了纪念乔治·汤姆斯,此杯被命名为"汤姆斯杯"。理事会决定于 1941 年前后举办第一届汤姆斯杯比赛并将汤姆斯杯作为流动杯,每次比赛的冠军队伍将其带回本国,保留至下届比赛开始。因此汤姆斯杯比赛也称为"国际羽毛球挑战杯赛"。

因为第二次世界大战的原因,首届汤姆斯杯比赛至 1948 年才得以在英格兰举办,作为世界羽坛男子团体赛最高荣誉杯赛,该届比赛有 10 个国家和地区参加比赛。比赛采用 9 场 5 胜制(5 场单打、4 场双打),马来西亚队击败丹麦队,获得比赛的冠军,成为刻在汤姆斯杯上的第一个国家。此后每三年举行一届,至 1982 年改为两年一届,赛制改为 5 场 3 胜制(3 单 2 双)。到 2014 年,"汤姆斯杯"共举办 28 届,印度尼西亚队成绩最佳,共 13 次夺冠,中国队 9 次夺冠,马来西亚队 5 次夺冠,日本队 1 次夺冠。

我国运动员于 1982 年首次参加"汤姆斯杯"并获得冠军,我国羽毛球运动实力再次得到世界肯定。2004 年在印度尼西亚雅加达举行的第 23 届汤姆斯杯比赛中,中国队不负众望重新夺回了时隔 12 年的冠军。2012 年第 27 届汤姆斯杯比赛结束,我国成功实现了 5 连贯。

2. 尤伯杯(见图 1-7)

尤伯杯(Uber Cup)羽毛球比赛是与汤姆斯杯相对,代表着世界女子团体赛的最高水平。其杯由贝蒂·尤伯夫人(Betty Uber)捐赠,由当时伦敦著名的银匠麦皮依和维伯铸成。奖杯高 18 厘米,中部地球仪上有一羽毛球的模型,羽毛球上方刻有一名女运动员模型,呈现出挥拍击球的姿态。奖杯底座上刻有"尤伯夫人于 1956 年赠送国际羽毛球联合会组织的国际女子羽毛球冠军挑战杯"字样。

图 1-7　尤伯杯

贝蒂·尤伯夫人是英国 20 世纪 30 年代的著名女子羽毛球运动员,从 1930 年至 1949 年间,她曾多次夺得全英羽毛球锦标赛女子单打、女子双打和混合双打比赛的冠军。尤伯夫人退役后仍对羽毛球运动情有独钟,为推动羽毛球运动的发展,1956 年,她建议借鉴汤姆斯杯赛举办一个专供女性竞技的大型羽毛球团体赛。她在国际羽联理事会上,正式向国际羽联捐赠由麦皮依和维伯制作的纪念杯,即现在的尤伯杯,并亲自主持了第一届尤伯杯比赛的抽签仪式。

第一届尤伯杯赛 1957 年于英国兰开郡举办,时间紧随汤姆斯杯之后。美国队以 6∶1 的分数击败丹麦队,获得该届尤伯杯赛的冠军。自 1957 年至 1984 年,尤伯杯赛三年一届,采用 7 场 4 胜制。1981 年国际羽联和世界羽联合并为新的国际羽毛球联合会,决定自 1986 年起尤伯杯赛每两年举办一届,与汤姆斯杯赛事同期同地举办,采用 5 场 3 胜制。

1956 年至 1981 年尤伯杯赛共举行 9 届,日本队获得 5 次冠军、美国队获得 3 次冠军、印度尼西亚队获得 1 次冠军。中国队自 1984 年首次参赛并创纪录地连续把这座冠军杯保留了 10 年之久。至 2014 年,尤伯杯已举办 25 届,自第 4 届起,此杯一直留在亚洲。其中,我国女队 13 次荣登冠军宝座,日本队、印度尼西亚队和韩国队分别获得 5 次、3 次和 1 次尤伯杯赛冠军。

3. 世界羽毛球单项锦标赛

世界羽毛球锦标赛是唯一可以划分为两个时期的顶尖比赛项目,是为了适应世界羽毛球运动日益发展的需要而设立的以个人单项为主的竞赛项目。

在国际羽毛球联合会与世界羽毛球联合会合并之前,各自皆举办了两届类似的世界性单项羽毛球比赛,并有一定的冲突,影响羽毛球运动的发展。在苏迪曼的推动下两羽联合并,矛盾迎刃而解。在联合会上协商决定,将各自举办的单项比赛合并为每两年举行一次的世界羽毛球单项比赛,命名为世界羽毛球单项锦标赛(Individual World Championships),并延续两个国际羽毛球组织以前的届数。合并后的"首届"于 1983 年在丹麦首都哥本哈根正式举行,称"第三届世界羽毛球单项锦标赛"。此项赛事只进行 5 个单项的比赛,即男女单打、男女双打和混合双打。

原国际羽联创办的世界羽毛球锦标赛每三年举办一次,从1985年起,该项赛事改为每两年举办一次,1988年国际羽联决定世界羽毛球单项锦标赛与新设立的苏迪曼杯赛同时同地举行。国际羽联根据当时的世界排名,邀请每个项目中的前16名(对)运动员直接参加比赛。国际羽联的每个会员国和地区在每个项目中报名的运动员不得超过4名(对),这一规则一直延续到2005年。从2006年起,锦标赛成了国际羽联日程表上一年一次的赛事,目的在于给予运动员更多的机会去赢得官方的"世界冠军"称号。但每到奥运会举办的年份,锦标赛不举办,以便为奥运会羽毛球比赛让路。

4. 苏迪曼杯(见图1-8)

为了弥补世界级大赛中男、女运动员不能同场竞技的不足。1987年5月29日,国际羽联宣布从1989年起设立世界羽毛球混合团体赛,并与两年一届的世界羽毛球比赛——汤姆斯杯与尤伯杯同地先后举行。为纪念印度尼西亚羽毛球联合会前主席苏迪曼先生对羽毛球事业做出的贡献,国际羽联决定将世界羽毛球混合团体赛奖杯命名为"苏迪曼杯"。

苏迪曼(1922—1986),被誉为"印度尼西亚羽毛球之父",是印度尼西亚羽协前主席。1922年4月29

图1-8 苏迪曼杯

日,苏迪曼出生于印度尼西亚北苏门答腊省的一个小镇。他从小学到中学,在地区少年儿童羽毛球比赛中都名列前茅;到高中时期,他在全国已经小有名气;在读大学时(商科大学),他就成为非正式的全国冠军。20世纪40年代,印度尼西亚还没有举行过全国比赛,而他已打败了能遇到的所有选手。1951年,在苏迪曼先生的积极倡导下,印度尼西亚羽毛球协会正式诞生,苏迪曼先生本人被选为该协会首任主席。由于苏迪曼先生忘我和卓有成效的工作,他连续22年当选印度尼西亚羽协主席。苏迪曼先生1973年被选为国际羽毛球联合会理事,1975年出任国际羽毛球联合会副主席,直至1986年去世。1978年2月25日,世界羽联在中国香港地区成立,有21个国家和地区成为其会员。苏迪曼在任职国际羽联副主席期间,首先提出倡议并为促使国际羽联和世界羽联的合并积极奔走,终于1981年促成了两大羽联的合并,结束了世界羽坛分裂的状况,开启了羽坛新时代。

苏迪曼杯是一个镀金银杯,由印度尼西亚万隆工学院学生鲁斯南迪雕刻。奖杯是一个羽毛球造型,在基座上雕刻了举世闻名的古迹——婆罗浮屠佛塔的造型,整个奖杯高80厘米。

苏迪曼杯羽毛球赛按各个国家和地区球队的实力分为A~G组7个级别,但只有参加A组比赛的6个队有资格争夺冠军。杯赛各级别之间实行升降级制。B~G组的小组第一名在下届比赛中升到上一组,最后一名降到下一组。苏迪曼杯羽毛球赛采取5局3胜制,5局分别设男、女单打,男、女双打和混合双打 5 项比赛。

至 2013 年,苏迪曼杯共举办 13 届,其中中国队、韩国队和印度尼西亚队分别获得 9 次、3 次和 1 次冠军。2005 年,苏迪曼杯羽毛球赛在中国首都北京举行,再一次向世界展示了我国羽毛球运动的整体水平。

5. 国际奥林匹克运动会羽毛球比赛

经过国际羽联的不懈努力,羽毛球比赛于 1992 年入驻奥林匹克运动会,成为正式比赛项目。1970 年,国际羽联就开始了准备进入奥运会的工作,直至 1985 年 6 月 5 日,在国际奥委会第 90 次会议上才决定将羽毛球列为奥运会的正式比赛项目。1972 年的第 20 届与 1988 年第 24 届奥运会,羽毛球作为表演项目举行。1992 年第 25 届巴塞罗那奥运会,羽毛球正式成为比赛项目,设有男子单打、女子单打、男子双打和女子双打 4 个项目。这 4 个项目亚洲代表队较占优势。为了羽毛球运动的发展,国际羽联根据欧洲代表队的特点建议奥委会增设混双项目并获得成功。

国际奥委会对奥运会羽毛球比赛项目参赛选手名额有严格限制,根据世界排名,选出前 33 名单打运动员、19 对双打运动员和 17 对混双运动员直接参加奥运会。但每个项目中至少包括有五大洲的各 1 名运动员和 1 对选手。这些运动员必须是世界排名最前面的运动员。如果在世界排名中仍没有某洲的选手,则以在积分期间最近一次洲比赛中的冠军选手出席。东道国应有不少于两名运动员参加比赛。每个国家和地区在 1 个项目中最多只能有两个席位。多出的席位让给排名后位的选手。

1992 年在巴塞罗那举行的第 25 届奥运会首次羽毛球比赛中,中国羽毛球运动员共获得 1 枚银牌和 4 枚铜牌;1996 年在亚特兰大举行的第 26 届奥运会上,中国羽毛球健儿共夺得 1 枚金牌、1 枚银牌和 2 枚铜牌;2000 年悉尼奥运会,中国选手取得最佳成绩,夺得男单、女单、女双、混双 4 金;2004 年雅典奥运会,中国队获得女单、女双、混双 3 金;2008 年北京奥运会中国队获得男单、女单、女双 3 金;2012 年伦敦奥运会,中国羽毛球队实现了包揽 5 金的突破。

6. 其他

此外,较具影响力的还有世界羽毛球大奖赛总决赛(现已停办);世界杯羽毛球赛(现已停办);世界青少年羽毛球锦标赛;各国羽毛球公开赛、大奖赛、超级赛、锦标赛等,如马来西亚羽毛球公开赛、新西兰羽毛球大奖赛、印度尼西亚羽毛球顶级超级赛、中国羽毛球顶级超级赛等。

(二) 国内主要羽毛球比赛

为了推动羽毛球运动的发展,国家体育总局和各地方主管部门组织了各类全国性和地区性的比赛。这些比赛对加强我国各地区羽毛球技术的交流、发展,培养高水平运动员,发挥了积极的作用。

1. 全国性羽毛球比赛

全国性羽毛球比赛由国家体育总局乒羽管理中心统一安排、委托地方主管部门举办的比赛。主要包括全国性运动会（全运会、城运会等）羽毛球赛，全国羽毛球锦标赛（团体、单项），全国羽毛球甲级、乙级赛，各类全国男子、女子羽毛球单项赛，全国青少年羽毛球赛和全国少年儿童业余体校羽毛球赛。为了提高我国羽毛球双打的技术水平，还安排了全国双打冠军赛（男、女双打和混合双打）。

全国综合性运动会极其重视羽毛球比赛，1959年第一届全运会就将羽毛球列入正式比赛项目，设有团体和5个单项比赛。这也是唯一四年举办一次的全国性羽毛球比赛，其他基本每年举办一次。为了适应不同层次羽毛球运动员的发展需要，各类比赛规程有所区别，如具有年龄组、比赛项目等参赛条件的限制。

2. 其他类型的羽毛球比赛

除国家体育总局组织的专业比赛外，各地方主管部门及羽毛球协会也组织各种类型的羽毛球比赛，多以业余性质为主。如顶级高手间的"天王挑战赛"、"东西南北中羽毛球比赛"，业余爱好者的全民健身羽毛球比赛、全国老年人羽毛球分年龄赛等省级赛、邀请赛、对抗赛以及热身赛等。为我国羽毛球运动技战术的发展与普及做出了重要贡献。

三、世界(中国)大学生羽毛球主要赛事简介

国内外具有影响力的大学生羽毛球比赛较少，但相关比赛数量较多，有力地促进了羽毛球运动在大学生之间的普及，为羽毛球运动的发展夯实了基础。

世界大学生羽毛球锦标赛现已成功举办13届，中国大学生代表队在此项比赛中取得骄人战绩。由于我国对世界大学生羽毛球锦标赛的特殊贡献，2006年，我国承办了第九届世界大学生羽毛球锦标赛，于10月10日在中国地质大学(武汉)开赛。此次比赛新增混合团体赛项目，来自加拿大、捷克、法国、德国、中国等16个国家和地区的113名大学生羽毛球选手参赛，在首日进行的混合团体比赛中，中国队以5：0战胜了日本队。此赛事每两年举办一次。

国内大学生羽毛球赛事很多，较具影响力的是由中国大学生体育协会羽毛球分会主办的全国大学生羽毛球锦标赛和"全国亿万学生阳光体育运动"羽毛球挑战赛。首届"全国亿万学生阳光体育运动"羽毛球挑战赛于2008年在西北民族大学举行，该比赛只设混合团体并规定参赛者必须是非体育特长生，共有20所高校近200名运动员参加比赛。此挑战赛的成功举办，开创了国内专为普通大学生举办体育赛事的先河，对于推动羽毛球运动在高校的普及，增进各兄弟院校之间的友谊、交流与合作有着深远的影响。此外各省、市也组织了各类大学生羽毛球比赛，如粤东高校大学生羽毛球赛、北京市研究生羽毛球联赛、浙江省大学生运动会羽毛球赛、河南省大学生羽毛球锦标赛以及长春市大学生羽毛球联赛等。

第二节　羽毛球运动的基本知识

一、羽毛球拍、球和弦的选择

羽毛球运动的业余爱好者和运动员对羽毛球拍的选用非常重视,特别是经过一段时间的训练达到一定水平的,都希望能有一把适合的球拍,为此,以下将对球拍、球和弦的选择与保护的常识进行简单介绍。

(一)羽毛球拍的选择

现在许多羽毛球产品的生产商都以高科技技术来设计与制造羽毛球用品,使球员更能享受羽毛球运动的乐趣和取得更好的成绩。对于一个羽毛球运动爱好者而言,如何选择适合自己的拍子,要注意以下几个因素:

(1)羽毛球拍的重量要合适。拍子不是越轻越好,拍子轻了挥动速度虽然快,但是在扣球时会感觉用不上劲,影响击球的力量。

(2)检查拍子的整体结构。拿到球拍后,挥动几下,看看是否震手。震手的牌子一定是拍杆太硬;不震手,说明拍杆较有弹性。

(3)根据个人情况选择适合自己的羽毛球拍。例如在单打时,适合选择加长型的球拍;如果是攻击型选手,应选择重量稍重,中硬性的球拍。在双打时,最好选择标准长度的球拍,如果是防守型选手,应选择较轻的球拍。

(4)看一下弦装得是否匀称。交叉弦组成的每个方块都要同样大,每条弦的松紧度要一致。

(5)拍形与甜区:

拍形:就是拍头的几何外形,现在一般有三种:

① 传统的卵形;

② 头部为方形的 ISO 拍形;

③ 弦面更大的加大 ISO 形。

甜区:就是球拍面的最佳击球区。当击球点在甜区时能给你足够的击球威力和控球性,震动感很小,你会觉得很舒适。甜区的大小对球员很重要,它能使球员更容易打出高质量的球。框形是决定甜区大小的最关键因素。

(6)羽毛球拍的材质。羽毛球拍的材质可分为碳素纤维、碳铝一体、铝铁一体和铝铁分体式等几种。材料的选用对拍子的重量和价格有直接的关系。一般来说,全碳羽毛球拍的重量最轻,是目前的主流材料,大多为 85～94 克,价格也比较贵,一般在 200 元以上;而铝框羽毛球拍的重量一般在 95 克以上,价格从几十元到一百多元不等。

(二)羽毛球拍的重要参数

G:表示羽毛球拍柄粗细,一般分为 4G、5G,4G 适合手大的人使用。

U：一般的羽球拍在说明资料里都会用 U 来表示重量，3U 是指 85～89 克，2U 是指 90～94，U 是指 95～99 克。

（1）羽毛球拍平衡点：相同质量标志的球拍因平衡点位置不同，拿在手里的感觉会不一样。如果羽毛球拍的平衡点靠近拍头，则感觉到头部较重；如果球拍的平衡点更靠近拍柄，则感觉到头部较轻。平衡点从球拍底部开始量，单位是厘米或英寸。根据力学原理，重量与挥拍的感觉成正比，而平衡点与挥拍的感觉成平方正比。

头重的球拍因拍头惯性更大，打出的球更有力量但挥拍灵活性略差，适用于进攻型力量不足的球员。

> 为精确控制平衡点，一般采用改变拍柄的质量，以期达到对平衡点的控制。

头轻的球拍虽然较为灵活，但打出的球力量较小，而且球拍传递的震动也会较大，适用于防守控制型和追求速度的球员。

（2）加长型羽毛球拍：标准羽毛球拍的长度为 664 毫米，加长型羽毛球拍比标准长度一般加长 10 毫米，加长的最主要部分为拍杆。加长型球拍击球点比较高一些，对提高进攻有一定的帮助。

（3）羽毛球拍硬度：击球时球在羽球拍上的停留时间只有 0.004～0.006，在击球前的挥拍过程中和球拍击到球时，拍杆有一个弯曲和复原的过程，在球拍尚未回到原位以前球已经飞离拍面。

在球员力量相同的情况下，拍杆越软在击球前的挥拍过程中越容易弯曲，弯曲幅度也更大，从而带动拍头以更大的角速度移动，产生更大的击球力量；拍杆越硬则击球时能传递给球的力量就越少，但更能减低击球震动的传递。

对于羽毛球拍框而言，拍框的硬度越大、接触球时就越不易发生变形和扭动，越能把更多的力量传给羽毛球，同时传递的震动也越少。

（三）羽毛球拍硬度与控球性的关系

（1）方向的控制性：当球拍击球时，球可根据击球的方向或角度回击。拍杆、拍框越硬对于方向的控制稳定性越高而且当球并非打在拍面的甜区时，越硬的球拍扭力越小。

（2）深度的控制：这是指被回击的球飞行的距离（落点）的控制。深度的控制和球员本身的力量有关，力量相同的情况下，拍杆越软对深度的控制性就越好。

（四）羽毛球的选择

1. 羽毛球的种类

家庭中常用的羽毛球：一般多为室外用球，商店里称之为红头羽毛球，因为此种球的底托是用红色橡胶所做的，所以，打起来比较省力，弹力好，使不了多大劲即能打出很远。

比赛用球：也叫室内羽毛球，其底托的用料，内为软木，外包白色羊皮，选料、制作都比较严格。

全塑羽毛球：每个球为一个整体，其制造工艺很简单，不必编线捆绑，也不会发生掉毛问题，成本也比较低，但用起来不如前两种那么好使。

2. 挑选羽毛球的标准

要看羽毛球底托的质量好坏，红托球的橡胶薄厚要均匀，胶合紧密。白托球的软木直径应为 25 毫米，其形状要圆，木质要软，羊皮膜包扎要细、要牢固。挑选球托弹力是否好时，可用手捏一捏，也可以将球在球拍上轻轻向上托几下。

要看羽毛是否扎牢，每个羽毛球规定要扎 16 根羽毛。最好的羽毛为鹅翎。因鹅翎翎管坚硬，挺直、抗打耐用，下落速度符合标准。鸡鸭翎就不如鹅翎好。其翎管细、管壁薄，常常会出现弯曲现象。挑选羽毛时，羽毛为越白越好（专门染色的除外）。羽毛长度要在 60～70 毫米，要长短一样，间隔均匀，毛翎要粗细相同，不可有倒毛、断梗、虫蛀等毛病，否则球打出去飞行的轨迹不正。

3. 比赛用球规定

羽毛球应有 16 根羽毛固定在球托部，羽毛长 64～70 毫米。但每一个球的羽毛从托面到羽毛尖的长度应一致。

羽毛顶端围成圆形，直径为 58～68 毫米，羽毛应用线或其他适宜材料扎牢；球托直径 25～28 毫米，底部为圆形；羽毛球重 4.74～5.50 克。

非羽毛制成的球：用合成材料制成裙状或羽毛，尺寸和重量同羽毛制的球相符，但与天然羽毛在比重、性能上可允许不超过 10% 的误差。

球的检验：站在端线外，用低手向前上方全力击球，球的飞行方向须与边线平行。一个具有正常速度的球，应落在离对方端线 530～990 毫米的区域内。

（五）拍弦的选择

比较高级的羽毛球拍，一般都没有上拍弦，而是让人们根据自己的情况来配制适宜的弦并控制上弦的松紧度。一般而

> 拍弦的种类：羊肠弦、尼龙弦、牛筋弦和化纤羊肠合成弦。

言，上好拍弦的球拍都比较便宜，所上的拍弦性能也是比较差的。它只适合初学者，因为初学者对拍弦的结构、粗细、张力等性能比较不敏感。拍球有以下几种：

（1）羊肠弦弹性好，但易磨损，因而易断。

（2）尼龙弦美观，但弹性稍差，受气温的影响也较大，冬天发脆易断。

（3）牛筋弦较结实，价格也低，但弹性差。

（4）化纤羊肠合成弦，是目前正式比赛中专业选手所选用之拍弦。它吸取了上述弦的长处，避免了各自的短处，具有既牢固可靠，又弹性颇佳的特点。

二、羽毛球运动的基本特点

（一）全身性运动项目

无论是进行有规则的比赛还是一般性的健身活动，羽毛球皆与其他隔网对抗项目相似，都要求在场地上不停地进行脚步移动、跳跃、转体、挥拍，合理地运用各种击球技术和步法将球在场上往返对击。

羽毛球动作技术的特点，使参与者调动全身各关节肌肉完成上述一系列复杂的动作，保证自己赢得最大优势。从而增强了上肢、下肢和腰部肌肉的力量，加快了锻炼者全身血液循环，增强了心血管系统和呼吸系统的功能。

据统计，大强度羽毛球运动者的心率可达到每分钟 160～180 次，中强度心率可达到每分钟 140～150 次，低强度运动心率也可达到每分钟 100～130 次。长期进行羽毛球锻炼，可使心跳强而有力，肺活量加大，耐久力提高。此外，羽毛球运动要求练习者在短时间内对瞬息万变的球路做出判断，果断地进行反击，因此，它能提高人体神经系统的灵敏性和协调性。

（二）运动量易调节性

羽毛球运动是竞技体育运动项目，同时又具有较强的游戏性、娱乐性，其运动量可根据参与者的年龄、体质、性别、运动技术水平和场地环境的特点而定，可大可小，易于自我调节。

身强力壮的年轻人可以将球打得又刁又重，拼尽全力扑救任何来球，尽情散发自己的青春气息；年老体弱的练习者可以把球轻轻地击来打去，根据自己的要求来变换击球节奏，从而达到锻炼身体、延年益寿的功效，既活动了身体，又娱乐了心情。不同年龄、不同性别以及不同体质的人都能在羽毛球运动中找到属于自己的乐趣。

因此，青少年可将其作为促进生长发育、提高身体机能的有效手段进行锻炼，运动量宜为中强度，活动时间以 40～50 分钟为宜。适量的羽毛球运动能促进青少年增长身高，能培养青少年自信、勇敢、果断等优良的心理素质。

老年人和体弱者可作为保健康复的方法进行锻炼，运动量宜较小，活动时间不宜过久，达到出汗、舒展关节的目的即可，从而促进心血管和神经系统的功能，预防和治疗老年心血管和神经系统方面的疾病。

专业运动员则要根据竞技训练的需要，进行大强度、高负荷的训练，以便开发自身潜能获得高超竞技水平，培养不畏困难、不怕吃苦、不甘落后的品质。

（三）简便性

1. 场地器材

一般健身性质的羽毛球活动对场地器材要求比较简单。不受场地、空间的限制，只要参与者认为可以满足自己的运动需要就可以进行羽毛球运动，正规比赛场地面积是 65～80 平方米,平时进行羽毛球活动,只要有平整的空地拉条绳索就可以了。在风不大的情况下,户外进行活动是最佳选择,在一定长度和宽度的空地上画上几条线、拉条绳索便可以进行具有一定技术的羽毛球运动,在双方对练的同时能保证参与者对新鲜空气的需要。因此它不仅可以在正规的室内运动场进行,也可以在公园、生活小区等处广泛地开展。

2. 参与人数

在参与者允许的非正规比赛情况下,参与人数可以不受规则限制。参与人数可为 N 个,即便是正规的羽毛球训练,也可根据训练的需要安排 N 名运动员同时上场以增强训练强度。如:二打一、三打三、三打二等,这是增强训练强度的重要有效措施之一。

一般性的健身活动,在条件允许的情况下,参与人数的增加,在锻炼身体的同时也增强了运动的趣味性,达到愉悦身心的目的。这种集体活动可以促进参与者养成协调配合的习惯,培养集体主义精神。

3. 年龄、性别

羽毛球运动器械质量轻,游戏、比赛时的球速相对来说也较慢,运动量易于调节。对参与者的年龄、性别要求不高,因此,适合不同年龄、性别和体质的人参与。

三、羽毛球运动的技术特点

羽毛球运动的技术特点主要表现在手法和步法的运用上。无论是进攻技术还是防守技术,都要求运动员能完整地、灵活地、全面熟练地运用,其技术特点如下。

(一) 手法上的一致性

无论是后场的高、吊、杀球,或者是前场的搓、推、勾等技术,在击球前的身体准备姿势、引拍动作和挥拍动作的前期都要尽可能做到相同或相似,达到动作一致性的要求。这样才可以给对手一定程度上的迷惑性,使其不敢轻易做出判断以减慢对方的反应速度和随机应变,给对手构成威胁,使对手在我方击球之前不敢贸然行动或准确判断。手法的一致性还经常造成对手判断的错误而陷入被动的局面,为自己争取优势。掌握手法上的一致性是成为优秀的羽毛球选手的必要条件。

(二) 手法上的灵活与突变性

手法是羽毛球技术的关键,能否灵活运用手指各关节的发力及其协调性,是手法突变性的前提。当手法一致性使对方做出不准确的判断而提前移动,准备接本方将要击出的球,这时运用手法的灵活性,突然改变出球线路,使线路远离对手重心移动的方向,导致对手来不及做出正确的反应。

（三）步法的全方位

羽毛球步法由垫步、并步、跨步、蹬步和跳步五种基本步法构成。这五种基本步法组成向前、后、左、右及腾空的全方位技术动作，只有合理地掌握这些基本步法的组合并协调运用，才能有利于更快地达到击球的位置及争得主动权。正确击球点的获得是击球手法得以灵活运用的前提。

（四）步法的快速和灵活

步法的起动、移动、制动和回动各个环节必须快速灵活，只有提高快速移动的能力，才能在比赛中争得更多的主动权。否则，步法的迟缓就将在比赛中处于被动地位。步法的快速和灵活性相辅相成，灵活性是速度快的前提。根据赛场情况的变化，能及时地调整和改变步法的组合及其幅度、频率，才能争取较有利的击球点，变被动为主动。

步法的协调和连贯性是实现快速及灵活的基础，步法不协调、不连贯，基本达不到灵活、快速。

羽毛球运动的制胜法宝莫过于对技战术的灵活运用。技战术灵活运用的前提是对手法和步法的全面掌握及熟练运用。掌握规范技术动作，并运用至一致性与突变性，协调性与连贯性，全方位与快速、灵活的程度，才会使战术得以发挥。

第三节　羽毛球运动的欣赏

羽毛球运动发展到今天，越来越受到人们的喜爱。一方面，技战术的发展使羽毛球比赛的激烈程度较以往有较大幅度的提升，胜负的悬念性强烈地刺激着观众，使人一旦投入就欲罢不能；另一方面，其艺术性也越来越受到人们的重视，如音乐般的节奏、舞蹈般优美的身体姿势，深深嵌入观众心中。随着运动的普及及观众欣赏水平的提高，羽毛球运动已成为人们首选的项目之一。

一、羽毛球运动的欣赏意义

羽毛球运动现已成为一项深受人们喜欢的体育运动。人们在健身的同时，倾向于技术的提升。现在羽毛球培训班犹如雨后春笋般涌现，从侧面体现了人们对羽毛球运动的热爱。参与培训班来促进技战术的提升，是一条捷径，而经常欣赏羽毛球比赛也可以达到同样的效果。欣赏羽毛球运动不仅是增强羽毛球技战术的途径，还可以放松身心，丰富人们的业余文化生活，满足精神生活的需求。

人们在工作之余，欣赏羽毛球比赛可以陶冶情操，使身体得到积极的休息，缓解工作压力及身体疲劳。运动员健、力、美的和谐统一，鲜明的节奏，默契的配合,给观赏者以美的感受,从而使其忘却烦恼和忧愁,有益于调节心理平衡、改善情绪、培养团队合作精神以及组织纪律性。通过解说员的讲解还可以理解有关羽毛球运动方面的知识以及加深对运动员的了解等,开阔欣赏者的眼界。

二、羽毛球运动的欣赏内容

欣赏一场羽毛球比赛可以从不同的角度着手,如:运动员、裁判员、技战术、竞赛组织及文化等角度。

(一) 运动员

参赛队员在赛场上的表现直接决定着比赛所具有的欣赏价值。运动员通过比赛所体现出来的意志力、体能、心理素质、性格、爱好、风度,甚至外貌等都可引起人们的兴趣,甚至为之着迷,把自己喜欢的运动员当作偶像来崇拜,研究其性格、效仿其习惯,从明星的成长经历中得到启发,受到鼓舞。

(二) 裁判员

裁判员是赛场的执法者,依据比赛规程对运动员在比赛过程中的行为做出公正的裁定;也是比赛过程的保障者,掌握比赛的进程及节奏,为运动员打出水平、创造优异成绩提供保障。优秀的裁判员在判罚时应表情和善、尺度公正准确、手势优美娴熟、竞赛节奏掌控适当。

(三) 技战术

竞赛的技战术是通过运动员表现出来的,通过长时间的训练及磨合,运动员在赛场上应表现出几近完美的程度。如:不论是单个动作还是组合动作都是一气呵成,动作舒展、优美、准确、到位,给观赏者美的感受。战术的运用已达自如的程度,落点刁、对手跑得开、同伴感到舒适。

(四) 竞赛组织

不同级别的赛事,其组织的周密性不同。但是其组织必须依据竞赛规程的要求,为运动员技战术的高水平发挥提供保障。观赏竞赛组织,包括场地器材的布置、竞赛日程的安排、组织效率、工作人员的办事效率以及有创意的活动节目等。

(五) 文化

任何运动都有其独特的文化内涵,随着羽毛球运动的发展,其内涵更加明确、外延更加丰富深刻,充满了时代精神和人生哲理。作为大学生应深入思考,使自己对羽毛球的欣赏不只是停留在娱乐层面。在欣赏羽毛球运动外在美的同时加强对其内在美的学习,以体育文化为立足点对羽毛球运动做进一步的诠释。

三、羽毛球运动中欣赏能力的培养途径

培养欣赏能力的目的是为了更有效率地对羽毛球运动加以欣赏。上述我们对羽毛球运动的欣赏内容做了一定的了解,羽毛球欣赏能力的培养应建立在其欣赏内容的基础之上。综合其欣赏内容,可以从美学素养、审美心境、审美观以及羽毛球运动基础知识和运动体验四个方面进行欣赏能力的培养。

(一)美学素养

"内行看热闹,外行看门道",要看出羽毛球的美,就必须了解羽毛球运动的美,才可以对比赛的美做出客观的评价。羽毛球运动之美由身体运动之美和运动内涵的宣泄之美组成。随着技战术及竞赛规则的不断更新,竞赛向着高、难、新和美的方向发展,技战术越来越科学化,越来越惊险和复杂,运动的竞技美也表现得更为强烈。

羽毛球运动的美,实质上是人类在羽毛球运动实践中生命运动和思维运动的各种形式所产生的综合效应,体现在运动中的动态美、构造美和竞技美。在比赛中,运动员在战术思想的指导下所采用的技术的组合,无不给观众强烈的感官效应。手法与步法的完美结合,动中寓静、静中蓄势、动静结合,使双方在激烈的作战中,相互制约、相互对抗,观众的心为之牵动。

运动员在比赛中,体现出的力量、速度、耐力、灵敏及柔韧等能力,使其身体运动之美尽现其中。身体快速运动的能力,骨骼、关节、韧带、肌腱等的伸展,带来身体曲线的变化,能表现速度、柔和、舒展及轻快的柔韧之美,身体在紧急情况下的应变能力,给人惊奇美。另外,运动员的意志品质往往最为观众乐道,是被人们所崇拜的要素之一。在竞技中所表现的良好的社会品德,为国争光的顽强拼搏精神和胜不骄、败亦喜、机智勇敢的优良品质是人的意志品质的集中体现。

羽毛球运动美的自然要素按照一定的规律组合起来,如:整齐、对称、比例、均衡、对比、和谐、层次、节奏韵律、多样性统一以及失衡状态下的身体美等形成了羽毛球运动的审美特性。

(二)审美心境

审美心境与欣赏者当时的情绪状态有关,心态的好坏直接影响其对比赛的主观评价。情绪状态可以强化或弱化人的感觉阈值,美感的产生首先由感官对审美对象的形象感知而引起,所以在一定程度上,美感也随个人心境、情绪不同而有所变化。审美主体的心境影响着审美感觉,给本无生命的审美对象赋予人的灵性的情感,使之人格化,这是指人们用美好的心境去观赏羽毛球竞赛,能传达给羽毛球人性的激情。

(三)审美观

欣赏羽毛球运动应以积极向上的审美观为指导。竞技美的本质是人的本

质力量在运动实践中的感性显现,内容应符合健康、积极、进步的导向。与社会发展相悖的事物一定不具备美的要素,一个思想不积极的观众,很难体会到运动的美。如:球场骚乱、球员对殴及摔拍等违反体育道德及赛场纪律的行为,皆有碍运动美的显现。

(四)羽毛球运动基础知识和运动体验

欣赏羽毛球运动首先要了解其基本知识:规则、技战术、发展以及裁判方法等,这样才能更好地观赏比赛,才能达到欣赏的程度。

有羽毛球运动体验对欣赏羽毛球比赛有事半功倍之效,在欣赏时联系自己的体验,不但能促进欣赏水平的提升还对个人技战术的提高具有一定的帮助。如:发球,有高远球和近网球之分,何时使用哪种方式的发球,要依据比赛时接发球运动员的站位以及战术的运用。在高水平比赛中,运动员假动作的使用,一般观赏者叫好完事,而有羽毛球运动体验的欣赏者,则看出假动作的"技巧"并结合自己的体验转化为自己的技术。通过欣赏羽毛球比赛,从中学到新的竞技方法,运用意识的模仿和场上的体验,使你的技能更加成熟和规范,提高实战运用能力。

在观看羽毛球比赛时,把观赏比赛转化为欣赏是个渐进的过程,只有逐渐增强自己对羽毛球比赛的美学素养、客观的审美心境、正确的审美观以及提高自己的羽毛球运动基础知识和运动体验,才能逐步提高对羽毛球运动的欣赏能力。

思考题

1. 从羽毛球运动的发展史中,你感悟到东西方文化融合的产物——羽毛球运动的魅力何在?

2. 新中国成立后,我国的羽毛球运动为什么能保持长盛不衰?

3. 如何欣赏羽毛球运动?

第二章　羽毛球运动的健身价值

◎本章导读 ....

　　只有认识羽毛球运动对人体的锻炼价值,才能有的放矢地进行锻炼,从而取得事半功倍的健身效果。

第一节　羽毛球运动对身体形态和机能的影响

一、羽毛球运动对身体形态的影响

　　身体形态反映了人体外部的形态、结构,以及人体发育状况和体质水平,其发展不仅与遗传高度相关,更与后天养成及锻炼的关系密切。

　　大学生所处的年龄正是少年期向青年期的过渡阶段,即处在青春期后期,形态发育指标走向缓慢增长这个时期,身体增高的加速期已基本过去,身体高度基本长成,骨盆结构发育渐渐成熟,但受骨化因素、激素分泌变化影响,身体成分仍会发生变化,身体围度有加粗及横向发育趋势。骨骼已基本定型,身体主要向宽度发展,身体的各项围度指标也快速增长,运动员的力量素质也得到快速发展。肌肉的生长在生长加速期时主要向纵向发展,而生长加速期过后,肌肉的横向发展较快。羽毛球健身能很好地塑造上、下肢形态。

　　腰臀比(WHR),是腰围与臀围的比值,它主要反映人体脂肪在腹部和臀部的分布情况,能够反映身体脂肪分布的特征。国内外学者均以 WHR 作为测量身体脂肪分布情况的指标。理想的腰臀比值,女性在 $0.67\sim0.80$ 之间,男性在 $0.85\sim0.95$ 之间。羽毛球锻炼能促使 WHR 的变动更趋于正常的分布指标,羽毛球运动有利于人体脂肪的合理分布。

二、羽毛球运动对心血管系统机能的影响

　　羽毛球运动能够提高安静时心脏的泵血功能。研究表明,有氧运动能使安静时的心率下降,其原因是运动引起交感神经兴奋性下降和迷走神经张力增强的结果。羽毛球运动属于 ATP-CP、有氧和无氧混合供能,其主要供能方式一直受到人们的争议,近年来有人提出三种供能方式都很重要,但更多的人倾向于有

　　以有氧供能为主导的供能方式使得羽毛球运动对促进人体身心健康发展具有良好的作用。

氧供能为主导的供能方式。由于羽毛球运动的强度可灵活调节,训练时一般保持在中等偏上的运动强度,运动时机体的供能主要来源于三磷酸腺苷(ATP)的分解和有氧供能。由于静息时的心率降低可以使心室舒张期相对延长,有利于心室充盈,同时提高心室充盈压进而提高心肌供血量。心肌耗氧量减少,是心脏做功更为经济、高效的表现,羽毛球运动对心脏泵血功能的提高积极的促进作用。

羽毛球运动是击球力量大、挥拍速度快的附加阻力臂高功率输出项目。在羽毛球运动中,运动员必须通过反复、快速地变换方向移动,最大限度地获得有利于进攻与防守的合理位置。大强度羽毛球运动者的心率可达到 160～180 次/分,中强度羽毛球运动者的心率可达到 140～150 次/分,低强度羽毛球运动者的心率可达到 100～130 次/分。长期进行羽毛球锻炼,可使心跳强而有力。

(一) 对心血管系统功能的作用

羽毛球运动是一种全身运动项目,在运动中,身体的移动、跳跃、转体和挥拍,运用各种击球技术和步法在场上往返对击,有效地增大上肢、下肢和腰腹肌的力量,加快全身血液循环,增强心血管系统的功能,长期进行羽毛球锻炼,能使心跳强而有力,肺活量加大,耐久力提高。

运动时骨骼肌收缩,耗氧量明显增加。心血管系统的反应是提高心输出量以增加血液供应,从而满足肌肉组织的氧耗,并及时运走过多的代谢产物。主要表现在如下方面:

(1)肌肉运动时心输出量的变化:心输出量对急性运动有着敏感反应,其目的在于迅速适应机体活动的需要。运动初期心输出量快速增加,之后缓慢递增并逐渐达到稳定,此时机体血流状态与肌肉活动的代谢需求达到相对平衡的状态。运动时,由于肌肉的节律性舒缩和呼吸运动加强,回心血量大大增加,这是增加心输入出量的保证。在回心血量增多的基础上,心率加快,心肌收缩力加强,因此心输出量增加。

(2)肌肉运动时各器官血液量的变化:运动时心输出量增加,但增加的心输出量并不是平均分配给全身各个器官的。通过体内的调节机制,各器官的血流量将进行重新分配。心脏和进行运动的肌肉血流量明显增加,不参与运动的骨骼肌及内脏的血流量减少。运动开始时,皮肤血流减少,但以后由于肌肉产热增加,体温升高,通过体温调节机制,使皮肤血管舒张,血流增加,以增加皮肤散热。运动时各器官血液量的重新分配具有十分重要的生理意义,即通过减少对不参与活动的器官的血流分配,保证有较多的血流分配给运动的肌肉,维持一定的动脉血压。

(3)运动时动脉血压的变化:运动时动脉血压的变化取决于心输出量和外周阻力两者变化之间的关系,并与运动强度和运动方式等有关。逐增强度的运动开始阶段,收缩压由安静状态迅速升高,之后随着运动强度的增加而增加,最高可达到 200mmHg 以上,尽管此时总外周阻力有所下降,但是舒张压维持稳定或轻度增加。

在运动方式方面,动力性运动时,由于心输出量增加,外周血管总阻力变化不大,故血压升高,但以收缩压升高为主。静力性运动时,心输出量增加幅度较小,但由于肌肉持续收缩压迫血管和腹腔内脏血管收缩,使外周总阻力升高,故血压升高以舒张压为明显。此外,与下肢大肌肉群的运动相比,机体在完成相同最大摄氧量强度的上肢运动时,动脉血压变化明显增强;与直立运动相比,倒立运动时收缩压和舒张压明显增高。

经常进行羽毛球锻炼,可促进人体的心脏血管系统结构发达,机能提高,提高工作效率,一般坚持锻炼的人心脏的改变是,运动性心脏增大(心肌营养性粗壮),在长期羽毛球锻炼的影响下,心肌收缩蛋白和原肌凝蛋白的含量增加,心肌纤维变祖,心肌肥厚,心脏的大小重量增加,经常锻炼的人心脏比一般人大。经常进行羽毛球锻炼的人心肌粗壮,心脏收缩力提高,心容量也加大,每搏输出量也增加。

(二)心血管系统对运动的适应

经常进行健身锻炼或运动训练,可促使人体心血管系统的形态、机能和调节能力产生良好的适应,从而提高人体工作能力。运动对心血管的长期性影响概括起来有以下几个方面:

(1)窦性心动徐缓:健身锻炼或运动训练,特别是耐力性练习可使静息心率减慢。某些优秀的耐力项目运动员静息心率可低至 40~60 次/分,这种现象称为窦性心动徐缓。窦性心动徐缓是经过长期训练后心功能改善的良好反应,窦性心动徐缓是可逆的。

(2)运动性心脏增大:研究发现,健身锻炼或运动训练可使心脏增大。运动性增大的心脏,外形丰实,收缩力强,心力贮备高。运动性心脏增大是对长时间运动负荷的良好适应,在一定程度上具有运动专项特异性。经常进行耐力性练习的人,其心脏增大是以心室腔增大为主,心容积增大,但心室室壁却不增厚或仅轻度增厚;经常进行力量性练习的人,其适应表现在心室壁增厚,而心腔不扩大或稍有扩大。

(3)心血管机能改善:静息时,一般人和运动员的心输出量无多大区别,由于运动员的心率较低,故每搏输出量较大。从事最大运动时,两者的心率都可达到同样的高度,但运动员的每搏输出量及心输出量比静息时的增加要明显高于一般人,运动员每搏输出量及心输出量的增加是心脏对运动训练的适应。经过训练,心肌微细结构也会发生改变,使心肌收缩力增加。

羽毛球运动不仅使心脏在形态和机能上产生良好适应,而且可使调节机能得到改善。训练者在进行定量工作时,心血管机能动员快、潜力大、恢复快。运动开始后,能迅速动员心血管系统功能,以适应运动活动的需要。进行最大强度运动时,在神经和体液的调节下可发挥心血管系统的最大机能潜力,充分动员心力贮备。运动后恢复期短,也就是说羽毛球运动时机能变化很大,但运动一停止就能很快恢复到安静时的水平。

三、羽毛球运动对呼吸系统机能的影响

呼吸系统功能的强弱取决于人体生命活动时氧气和二氧化碳进行交换的能力。羽毛球运动时人体对氧气的需求量增加,呼吸频率加快,为了适应这一要求,呼吸系统的各个器官都必须改善自身的工作能力。因此,长期进行羽毛球锻炼能提高人体的摄氧能力和各呼吸器官的功能,从而改善呼吸系统的机能。羽毛球练习对呼吸机能的改善,主要表现在以下几个方面:

(1) 使呼吸肌更发达、更有力和更耐久,能承受较大运动量。呼吸肌主要有膈肌和肋间肌,此外还有腹壁的肌肉,在深呼吸的时候,肩部、背部的肌肉也起辅助作用。经常参加羽毛球锻炼可以促进呼吸肌的发育,使呼吸肌的收缩能力增强,胸围增大,使呼吸动作的幅度加大。一般人的呼吸差只有 5～8 厘米,而经常锻炼的人,呼吸差可达到 9～16 厘米。所以进行羽毛球锻炼对呼吸系统功能的提高是大有益处的。

(2) 使肺活量增大,耐久力提高,吸进氧气和排出的二氧化碳增多,肺活量是衡量人体生长发育和健康水平的重要指标。经常参加羽毛球锻炼,有利于肺组织的生长发育和肺的扩张,使肺活量增加。另外,羽毛球锻炼时,经常性的深呼吸运动,也可促进肺活量的增长。平常人的肺活量一般只有 3500 毫升左右,经常参加羽毛球锻炼的人肺泡弹性大大增加,呼吸肌力量加大,肺活量比一般人大 1000 毫升左右,羽毛球运动对肺通气功能有明显的改善作用。

(3) 使呼吸深度加深。一般人的呼吸浅而急促,安静时每分钟 12～18 次。而经常参加羽毛球锻炼的人,呼吸深而缓慢,每分钟 8～12 次,这就使呼吸肌有较多的休息时间。这种差别在运动的时候表现得更为明显。

例如:在运动量相同的条件下,一般人呼吸可增加到 32 次/分左右,每次呼吸量只有 300 毫升,每分钟呼吸总量为 $300 \times 32 = 9600$ 毫升,而运动员每分钟呼吸 16 次左右,但每次呼吸量可达 600 毫升,每分钟呼吸总量为 $600 \times 16 = 9600$ 毫升。从表面上看,一般人与运动员每分钟呼吸量相同,但实际上气体交换量却不相同。因为,每次呼吸都有 150 毫升空气留在呼吸道内,不能进入肺泡进行气体交换,所以实际换气量应是:一般人实际换气量为 $(300 - 150) \times 32 = 4800$ 毫升,而运动员实际换气量为 $(600 - 150) \times 16 = 7200$ 毫升。这表明,肌肉工作需氧量增加时,一般人是以增加呼吸频率来适应氧气的需要量的。而进行羽毛球运动时常常气喘,羽毛球练习者由于呼吸机能提高,呼吸加深,在相同条件下,呼吸频率稍有增加就可以满足气体交换的需要,因此,工作可以耐久而不易疲劳。

第二节　羽毛球运动对身体素质的影响

一、羽毛球运动对身体健康素质的影响

　　大学生的生理特征：大学生阶段，学生正处于生长发育的晚期，身高增长缓慢，肌肉横向发展较快，肌纤维明显增粗，肌肉的力量和耐力明显增强，肌肉重量占体重的 40% 左右。这一阶段，学生骨骼基本成形，身高一般不再长高，体育锻炼可以使肌肉发达，使肌肉中的肌纤维随之增粗，肌纤维的数量增多，可以提高神经系统对肌肉的控制能力，使肌肉对各种刺激产生的反应更加迅速和准确，肌肉各部分工作更加协调。

　　长期进行羽毛球运动可以提高各方面身体机能。可以使骨骼更加坚固，增强关节的灵活性和稳定性；促进身体姿势端正、肌肉和骨骼的继续发育，全面增强人的体质。前场、后场快速移动击球，中后场的大力杀球，被动时的扑救球，双打的换位击球等都需要练习者有较好的力量素质、速度素质、耐力素质、灵敏素质、柔韧素质以及快速的反应能力。扣杀需要力量；在双方对拉回合的过程中，为了取得主动需要有较快的速度和耐力；在扑救球时需要很好的灵敏和柔韧；双打中又需要有协调和配合；在防守时又需要有极快的反应与判断能力。

　　经常从事羽毛球运动不仅可以发展人体的灵活性，协调性，提高上下肢及躯干的活动能力，改善呼吸系统和心血管系统的功能，提高有氧和无氧供能的能力，调节神经系统并提高其抗乳酸的能力，而且能起到增进健康、抗病防衰、调节精神的作用，即达到"健康体适"。

　　健康体适能主要注重人的健康与生活质量，是体适能中的基础适能。健康体适能是人们拥有健康的体质，维持身体健康，提高日常工作、学习及生活效率所追求的基本能力。

　　健康体适能具有以下四个要素：

　　（1）心肺功能：是人体肺部吸入氧气通过血液循环系统向全身供氧的能力。心肺功能的强弱直接影响到全身器官及肌肉的活动，故十分重要。长期进行羽毛球运动，不仅能使心跳强而有力，肺活量加大，耐久力提高，而且可促进人体的心脏血管系统结构发达，机能提高。

　　（2）肌肉适能：又分为肌力适能和肌耐力适能两个方面。肌力适能是指人体的每块肌肉和肌群都能够得到均衡、适度的发展，以满足身体正常生活和工作的需要；肌肉耐力适能是指一块肌肉或肌群在一定时间内进行多次重复收缩或维持一定用力状态的持久能力。从羽毛球的运动特点来看，羽毛球运动是一种全身性的运动项目。在运动中受试者的全身肌肉都得到了锻炼，在参与羽毛球锻炼时，肌肉不断地做收缩、拉长或等长收缩，使得肌肉的体积增加，肌纤维

横断面积增大,肌肉长度增长,肌肉收缩速度提高,神经调控能力得到加强。

（3）柔韧度：指用力做动作时关节和周围组织的活动幅度和伸展能力,即关节和关节系统的活动范围。柔韧性会受到关节、肌肉、肌腱等的影响。运动中机体会产生大量的热量,体内温度升高新陈代谢加速使肌肉粘滞性减小,且羽毛球运动中伸展、跨步等大幅度运动较多,因此在肌肉的弹性和伸展性提高的同时也提高了机体的柔韧性。

（4）身体成分：身体成分指的是身体脂肪组织和非脂肪组织的含量在体重中所占的百分比。通常情况下,人的身体主要是由水、蛋白质、脂肪和无机物四种成分构成,普通成年人的正常比例是：水占 55％,蛋白质占 20％,体脂肪占 20％,无机物占 5％;这是实现人体成分均衡和维持身体健康状况的一个最基本条件。总重量是体重,又由脂肪和瘦体重组成（瘦体重包括骨骼、肌肉、水分等）。羽毛球能促使运动参与者身体成分均衡。

二、羽毛球运动对身体运动素质的影响

身体素质是指人体在运动过程中所表现出的力量、速度、耐力、柔韧、灵敏、协调及平衡等机能能力的总称,是人体各器官系统的机能在肌肉工作中的综合反映。身体素质通常潜在地表现在人们的学习、生活、娱乐和劳动中,自然也表现在体育运动能力方面。身体素质虽然受到遗传因素的影响,但与后天的体育锻炼有着密切的关系。人的身体素质的好坏不仅仅关系到人的运动能力,并且与人的健康、娱乐、生活、工作等都密不可分。

（一）羽毛球运动与力量素质

体育运动都表现为肌肉活动,羽毛球运动对肌肉的改变尤为明显,可使肌纤维增粗,肌肉体积增大。一般人肌肉重量占体重的 35％～40％,而通过羽毛球锻炼后可增加到 50％左右。

坚持羽毛球锻炼,能使肌肉发达、比例匀称、健美有力。通过系统的羽毛球锻炼,不仅可以使肌肉纤维和肌腱的连接以及肌腱与骨骼的连接比一般人结实,而且可以提高神经系统对肌肉的控制能力,主要表现在肌肉的反应速度、准确性和协调性等方面都有所提高;肌肉工作时能量消耗下降,效率提高等。能够对人体的身体形态、结构、能量代谢、神经系统调节能力的改善及植物性机能协调的改善都具有积极影响。

研究表明,通过专项力量的训练,能够使身体训练的全方位效果向专项力量训练方面转移,并且有效地增强了专项力量。同时随着专项力量训练的提高,对训练者技术动作的提高也起到积极的作用,增强专项发力肌肉力量与技术动作有一定的内在关联,力量发挥充分的运动员,技术动作质量也较高。

据统计,一场实力相当的羽毛球单打比赛,运动员要在场地上前后左右移动高达 500 次左右,还要结合蹬、跨、跳等动作,这些都需要有较好的下肢力量

保证动作的完成。

运动员的力量增强后,其他身体素质也可以随之得到提高。例如:力量训练能够发展灵敏素质,有足够的力量便可以更好地控制身体和动作,使移动的步伐加快,提高挥拍的动作速度;速度素质很大程度上也是由力量决定的,力量是速度素质的基础。羽毛球运动每一个技术动作都是在自我身体的控制和变换速度中完成的,而这些动作技术的完成和节奏的变化都与力量有密切的关联。

羽毛球运动能促进上、下肢力量的发展,其中主要包括手腕,手臂、肩、腰、腹、腿、踝等肌肉群。羽毛球运动中力量与技术动作的质量存在着相互促进的关系。在爆发力训练中,应该采取大强度的训练,但要有适宜的负荷量,在快速力量增强的同时也提高了力量耐力水平。

从羽毛球的运动特点来看,羽毛球运动是一项全身性的运动项目。在运动中上肢要不断地挥拍、击球,做搓、推、勾、挑、扑等动作,同时脚下也要配合移动,向各方向做蹬、跨、跳等动作,这些都需要发挥运动员腕、臂、腰、腹和背等肌群的爆发力和耐久力。在运动中受试者的全身肌肉都得到了锻炼,受试者在参与羽毛球锻炼时,肌肉不断地做收缩、拉长或等长收缩,使得肌肉的体积增加,肌纤维横断面积增大,肌肉长度增长,肌肉收缩速度提高,神经调控能力得到了加强;羽毛球的运动持续时间较长,完成动作时间很短,快慢肌纤维也都得到了锻炼;在羽毛球运动中供能系统为了提供足够的能量支持运动并适应运动的强度,就要提高其供能能力,从而提高肌肉适能。因此,肌肉力量的增强也成为必然的结果。

(二)羽毛球运动与速度素质

速度素质是锻炼者快速运动的一种能力。羽毛球运动要求快速的脚步移动、灵敏的反应速度和位移速度。在羽毛球运动中,攻防转换迅速,动作变化快而准确,且攻中有防,防中蕴攻,技、战术的充分发挥都是以不同的速度形式表现出来的。速度的表现具有多变性和复杂性,速度能力决定着羽毛球技、战术运用和发挥的成效。

速度素质在羽毛球运动中通常表现为反应速度、动作速度和位移速度等三种不同的形式。在平时的练习中,通过信号练习、特定动作练习等专门性练习可提高练习者的简单反应速度,而长期的有意识的防守反击练习则能有效地锻炼瞬间选择性反应能力。长期进行羽毛球运动对速度素质的影响是多方面的,速度素质的逐渐提高对神经系统的灵活性、肌肉弹性、韧性、灵活性、伸展性等都有较大的促进作用,有助于身体健康。

速度与力量结合构成速度力量,与耐力结合则构成速度耐力。运动员速度素质的发展水平对于运动技术水平的高低具有重要影响,良好的速度素质更有利于运动员掌握更加合理和有效的运动技术,使肌肉快速收缩产生更大的力量,而且高度发展的速度素质还为速度耐力和专项耐力的发展提供了更大的潜力。

羽毛球运动具有动力型的动作结构特征,它是周期性和非周期性动作相结合的混合型运动。从运动强度和持续时间上分析,它是短促的高强度运动与较长时间的中、低强度运动相间隔的持续运动,羽毛球运动中所表现出来的速度包括反应的速度、移动的速度和挥拍的速度,身体各部位协调完成动作的速度,以及节奏变化的速度。

羽毛球训练中多球训练能够提高场上移动的速度,加快挥拍动作的速度,提高运动员的反应速度,从而做到反应快、判断快、启动快、击球动作快、变化快,来取得场上主动。

对羽毛球运动员来讲,在羽毛球比赛中完成各种动作的速度是至关重要的,在训练中可以采取多球训练、趣味性步法练习来提高运动员的速度素质,从而使运动员在比赛时做出良好的反应与判断,快速的启动、抢位、抢网、回动、完成各种技术动作,脚步移动快速灵活,防守反攻间快速变化,这样运动员才能对场上复杂形式做出快速反应和及时的战术调整,变换节奏,从而控制场上局面。

羽毛球运动学习和锻炼中,多球、步法以及专项力量的训练能够提高运动员的反应速度、完成动作的速度以及脚下的移动速度,速度素质的发展对于技术水平和耐力的提高具有重要的影响作用。

(三)羽毛球运动与耐力素质

耐力素质是指机体在较长的时间内,保持特定强度负荷或动作质量的能力。基础耐力素质是运动的基本素质,根据运动强度和运动中能量的供应特点,耐力素质可分为无氧耐力和有氧耐力。

有关研究认为,羽毛球运动在比赛过程中,有氧耐力是基础,无氧耐力是主导。羽毛球比赛时 70% 左右的时间进行有氧运动,而得分时则取决于运动员有无足够的无氧耐力,羽毛球运动在对耐力素质提出要求的同时,对于提高有氧耐力和无氧耐力都有积极的影响。

从羽毛球动作的结构特征看,它是周期性和非周期性动作相结合的混合性运动,运动员的局部肌肉疲劳产生的速度较慢。可是,由于比赛时间长,局部疲劳短时间内不容易恢复,疲劳的积累将随持续运动时间的增长而增加,对耐力素质提出了很高的要求。例如,一场羽毛球单打比赛,所用时间在 30～100 分钟之间,挥拍数百次,运动员在这么长的时间里,需要良好的耐力素质来发挥最佳的移动速度、挥拍速度、稳定的击球力量,以保持良好的竞技状态。

(四)羽毛球运动与柔韧素质及灵敏性

1. 羽毛球运动与柔韧素质

柔韧素质通常是指人体各关节活动的幅度,肌肉和韧带的伸展性和弹性。柔韧素质的好坏不仅取决于结构方面的变化,而且也取决于神经系统支配骨骼肌的机能状态。柔韧素质发展得好,中枢神经系统调节能力就会得以较大提高,能够很好地控制和调节各肌肉群之间的发力顺序及力量,运动时身体会更加地协调,技术动作更加地合理。

在羽毛球运动中,以质量较高的跳起杀球为例,要求运动员必须要迅速起跳到一定的高度、快速挥动球拍、有效控制杀球落点,来提高击球点的高度、增加击球瞬间的爆发力和杀球的攻击性,对柔韧素质有较高的要求。由于羽毛球运动员在比赛中经常采用急速启动、急停、前后左右移动、转变方向、回动、大幅度地蹬地、跨步,以及羽毛球在空中飞行速度快,方向变化大,因此要求运动员必须具有良好的灵敏与柔韧素质。

柔韧性的主要因素有关节面结构、关节及韧带的伸展性、脂肪及结缔组织的限制,还包括温度和肌肉放松程度等。关节面结构主要由遗传决定,但通过运动能够改善软骨的厚度。身体成分测试可知羽毛球运动能够降低脂肪重量,脂肪量的降低减少了对周围关节的限制,提高了关节的柔韧性。运动中机体会产生大量的热量,体内温度升高新陈代谢加速使肌肉粘滞性减小,且羽毛球运动中伸展、跨步等大幅度运动较多,因此在肌肉的弹性和伸展性提高的同时也提高了机体的柔韧性。

影响柔韧性的因素是多方面的,这些因素都可以通过羽毛球运动得以改善,来提高人体的柔韧性,主要表现以下方面:

(1)羽毛球活动可使关节周围组织的功能增强。柔韧性的表现主要来自于骨关节,而骨关节结构因受先天的影响难以改变,所以,改善骨关节周围组织是加强关节柔韧性的有效措施。关节的加固主要靠韧带和肌腱,肌肉则从关节外部补充加固关节的力量,控制关节活动的幅度,它们共同作用,限制关节在一定范围内活动,从而保护关节不致超出解剖允许的限度而受伤。

(2)羽毛球活动可以产生适合于柔韧性改善的体温。肌肉温度升高可使新陈代谢增强,供血增多,肌肉的黏滞性减少,从而提高肌肉的弹性和伸展性,使柔韧性得以提高。

影响柔韧性的温度有外界环境温度和体内温度两种。体内温度的调节用于补偿外界环境对机体产生的不适应。当外界温度较低时,必须做好充分的准备活动,提高肌肉温度,从而增加柔韧性;当外界温度较高时,应排出汗液降低温度,以免肌肉过早出现疲劳而降低关节的柔韧性。

2. 羽毛球运动与灵敏性

灵敏又称为灵活性。灵敏是一种综合性素质,是运动技能和各种素质在运动过程中的综合表现。灵敏素质较好的运动员,在完成动作过程中能够表现出在空间上和时间上的准确定向、定时的能力,表现出动作技术精准,变换及时迅速。

羽毛球运动的特点在于动作反应敏捷。锻炼者需要对变幻莫测的现场情况做出准确的判断与估计,迅速采取措施,改变自己的动作方向或节奏感,甚至改变技、战术组合以回应对方打来的各种球。因此,在比赛条件下,运动员的注意力非常集中,精神高度紧张,这对中枢神经系统调节运动性机能的能力有着良好的训练作用。同时,大脑皮质神经的均衡性和灵活性也会得到提高。

灵敏是运动员迅速改变体位、转换动作和随机应变的能力,是运动员运动技能和各种素质在运动中的综合表现,其突出特点是能够随机应变完成动作,当环境条件突然发生变化时,还需要创造出新的动作,以适应新的突变条件。灵敏有两种表现形式:一是一般灵敏性,通常以启动、急停、起跳、躲闪、维持平衡、改变动作姿态等形式表现出来;二是专项灵敏性,常与专项技术的机敏、灵巧、准确等有密切联系。羽毛球运动中的灵敏性主要表现在如下方面:

(1)准确的时空判断和精确的肌肉感觉。羽毛球运动是一项身体动作和球拍动作紧密结合的运动项目,尤其是完成一些较高难度的回球、扣杀等身体动作时,运动员不仅要对自身肢体方位进行精确控制,而且还要对运动中的来球方位进行判断。因此,在完成完整的技术动作的过程中,肌肉本体感觉的强弱,不仅直接影响着运动员对身体姿态的控制能力,而且还影响着对球拍用力的大小、方向,决定了球拍运动的轨迹。

(2)快速的反应能力和应变能力。羽毛球技术动作复杂多变,技术动作的完成是在一瞬间通过视觉、动觉的协调配合做出快速反应的。从目前国际羽毛球技术动作的发展趋势看,挥拍动作的节奏明显加快,动作数量增多、密度加大,对运动员的快速反应能力和协调能力提出了更高的要求。

(3)球拍技能的熟练性。各种球拍的制作材料不同,因而运动员在使用不同球拍时,其操纵球拍的方式及手法也会不断变换,这就需要指、腕、肘、肩等小肌群有较高的控制能力。因此,应加强对运动员神经系统的反应能力和球拍技能熟练性的高标准训练。

三、羽毛球运动专项身体素质的测量与评价

(一) 形态指标

(1)上肢:羽毛球运动员在上肢长度上占优势,意味着为了获得击球的最大速度,在支点(肩关节中心)与拍长相对固定的情况下,较长的上肢有利于延长转动的阻力臂,增大阻力矩,获得更快的挥拍击球点速度,扩大进攻与防守的空间范围。

(2)身高:身高是反映人体形态结构和生长发育水平,尤其是纵向发育水平的主要形态指标。羽毛球运动员身材高意味着在比赛中能相对容易地抢到高的击球点,具备制空优势,能发挥出击球点高的特点。但是,羽毛球属技能主导类项目,身材太高又会失去灵活性。因而,总体来讲羽毛球男运动员身高在180厘米左右,女运动员身高在170厘米左右较为合适,既具备身高优势又具有灵活性,是符合科学规律的,这是世界优秀羽毛球运动员身高分布的一般规律。

（3）身体形态特征：优秀男子羽毛球运动员的身体形态特征主要体现在围度、长度和宽度三个方面。在某个区间内，这三个指标均为高优指标：

一般来说，运动员身体围度和宽度较大，说明其肌肉的横断面积较大，运动员的肌肉力量也较大，肌力越大，表明爆发力越大，这有利于在比赛中快速地移动和凶狠地进攻。

运动员身体长度较大，意味着能相对比较容易地抢到高的击球点，具备了制空优势，能发挥出击球点高、落点深的特点，从而缩短对手回防时间，增加对手移动距离从而体现"快"，同时也有利于羽毛球运动员技战术的发挥，在比赛中能获得较好的成绩。

速度是体现优秀羽毛球运动员水平的显著性标志，在比赛中要求运动员能启动快，击球快，回位快，羽毛球场上的速度是多种因素综合的结果。优秀的羽毛球运动员高大而结实的形态特点，是现代羽毛球运动发展的趋势。大部分运动员的年龄处在少年期向青年期的过渡阶段，这个时期身高增长的加速期已基本过去，身体高度基本长成，身体向宽度发展，胸静气围、胸吸气围、胸呼气围都快速增长，肺活量大大增加，运动员的耐力素质得到增强；同时运动员的力量素质也得到快速发展。肌肉的生长在生长加速期时主要向纵向发展，而生长加速期过后身高增长缓慢，肌肉的横向发展较快。

（4）腰臀比（WHR）：是腰围与臀围的比值，它主要反映人体脂肪在腹部和臀部的分布情况，能够反映身体脂肪分布的特征。

较大的胸围和呼吸差是羽毛球专项素质测量的另一类形态学特征参数，可能与羽毛球是一类以躯干带动四肢为主要运动形式的爆发式运动项目有关；长期的运动训练有利于促进其胸廓和呼吸肌力量的发展，使躯干与上肢带肌中的肌纤维增粗、肌原纤维数量增多、增粗，肌肉生理横断面积增大，有利于减小呼吸时的弹性阻力和气道阻力，使每次呼吸时的深度加深，呼吸系统能力提高。肌肉的力量与肌肉的生理横断面积成正比。高水平羽毛球后备人才的持球臂围度和腿围（包括松紧围差）相应较大，应该与羽毛球运动是一类以肢体运动为主的爆发式运动项目有关；肢体在长期的、快速的大幅度摆动与移动的运动训练中，获得较大的肌肉生理横断面积，使肌肉的力量增大，具备与专项要求一致的形态学特征的羽毛球后备人才的肢体长度等遗传度较高的指标，可作为选材的参数；呼吸差、持球上臂围差、大腿围、瘦体重等，后天训练对其影响大的指标，可作为羽毛球后备人才运动训练监控与评价的指标。

（二）机能指标

1. 脉搏

测试方法：受试者在安静状态下取坐位，右前臂平放于桌面，掌心向上。测试人员坐在右侧，按压受试者手腕部的桡动脉测量脉搏。测量 1 分钟脉搏的搏动次数。记录以次/分为单位。

2. 肺通气功能

测试仪器：普尼肺活量测试仪（Pony spirometer praphic）、纸筒吹嘴、鼻夹。

测试方法：打开仪器开关，跟据英文提示输入受试者的基本信息。测试时受试者取站位，基本了解测试步骤后，用嘴完全含住吹嘴，鼻子用鼻夹夹住，准备好后示意可以进行测量。听测试者口令开始测试，首先正常呼吸 3 次，第 4 次时做最大限度地吸气和呼气；然后正常呼吸近 30 秒时深吸气然后正常呼出；最后，以最快的速度和最大的限度进行呼吸即深吸、快呼。测试结束，测试人员打印数据。

3. 最大摄氧量

测试仪器：电脑测功率自行车（瑞典 MONARK.839）、心率遥测胸带。

测试方法：测试人员打开计算机，进入受试者体能强弱的测试程序。测试总时间为 6 分钟，受试者带上心率遥测胸带，测试人员输入受试者的个人基本信息。受试者坐在功率自行车上，按规定频率蹬功率自行车。测试人员注意观察受试者在此过程中的心率和反映受试者体能强弱曲线的变化。受试者在前 3 分钟心率应在 120 次/分左右。测试人员适当增加负荷；受试者在后 3 分钟心率达到 170 次/分以上，如果系统提示受试者心率不稳，受试者需要继续蹬功率车，直到心律平稳为止。测试系统提示测试结束，受试者停止蹬功率车，测试结束。测试人员打印受试者的测试结果（注：测试过程中所有人员务必关闭手机等具有电磁辐射工具）。

（三）肌肉力量测试方法

测试项目：握力、背力、纵跳。

1. 握力

测试仪器：电子握力计。

测试方法：打开电源开关，按"按键"，握力计进入工作状态后，受试者自然站立，手持握力手柄，两臂自然下垂，用全力紧握手柄，两手各测两次，分别取最大值。

2. 背力

测试仪器：电子背力计。

测试方法：打开电源开关，按"按键"，背力计进入工作状态后，受试者直立在背力计的底盘上，两脚尖微分，测试人员调整背力计拉链的长度。测试时，受试者两臂伸直，掌心向内紧握握柄，两腿伸直，上体绷直抬头，尽全力做背伸心肺功能测试方法。

3. 纵跳

测试仪器：纵跳仪。

测试方法：纵跳计进入工作状态后。受试者站在纵跳板上，直立姿势，双脚自然分开，开始测试。受试者屈膝半蹲，尽力垂直向上跳起。当受试者落回后，显示屏上显示出测试值。

（四）肌肉耐力测试方法

测试项目：俯卧撑（男生）/仰卧起坐（女生）。

测试仪器：平坦地面，垫子 4 条，秒表 4 块。

测试方法：

俯卧撑（男生）：双手支撑身体，双臂垂直于地面，两腿向身体后方伸展，依靠双手和两个脚的脚尖保持平衡，全身挺直，平起平落。记录 1 分钟完成次数。

仰卧起坐（女生）：受试者仰卧于垫上，屈膝成 90°，测试者压住受试者脚踝关节处。受试者双手于脑后抱头，上身抬起至膝处为完成一次。记录 1 分钟内完成次数。

（五）柔韧性测试方法

测试项目：坐位体前屈。

测试仪器：坐位体前屈测试仪。

测试方法：听到"请准备"语音提示后测试人员将测量盒拉至起始位置。受试者坐在垫上，双腿伸直，脚跟并拢，脚尖分开，全脚掌蹬在平板上；掌心向下，双臂并拢平伸，上体前屈，用双手中指指尖推动游标缓慢平滑前移，直至不能移动为止。以游标超过起点的长度作为测量成绩。

（六）身体成分测试方法

测试项目：身体成分。

测试仪器：成分测试仪（型号 VENUS5.5）。

测试方法：正式测试前在计算机上和分析仪面板上输入受试者的个人资料。测试时受试者应赤脚站立在仪器上，双脚与仪器上的脚型对准，按照语音提示输入基本信息后双手拿起电子手柄，双手自然放于体侧，静立不动，等待仪器得出数据表。测试结果出来后即完成测试。

（七）变相移动类

（1）冲刺至对方进攻线，后退至中线冲刺至对方端线，后退至进攻线最后冲刺出对方端线，要求用手触线。

（2）教练员持球与队员并肩站立，然后将球扣向地面，队员迅速启动追击球并将球接住。

（3）十字变向折回跑或"米"字移动。图形跑，即按照规定的图形路线跑，如弧形、弓形、W 形、M 形，等等。

（4）迷路跑，可用球作不同的标志。

（八）动作转换类

（1）让运动员在跑、跳中迅速、准确、协调地完成各种动作：在跑步中作迅速改变方向、快速急停、迅速转体。

（2）疾跑 7～10 米后，在体操垫上连续做前滚翻，再疾跑 5～7 米后，快速做前滚翻。

（3）头手倒立、肩肘倒立；原地跳转 180°、360°、720°落地站稳。

（4）按口令做相反的动作，按有效口令做动作，行进间听口令做动作。

（5）各种跳步组合练习，加入各类平衡动作的成套练习。

（九）综合类

（1）快跑 8 米后急停—后退跑 8 米返回—向左快跑 5 米返回—向右快跑 5 米返回—连续双脚跳起 5 次—向前鱼跃一次—转身鱼跃一次，原地立卧撑 10 次。

（2）分两队站在端线外，在进攻线处分别放两个标志物。教练员发口令，每队的排头队员手抱三个球跑步绕过标志物返回交给列在第二位的队员，按此方法连续做，先完成的队为胜队。

（十）大脑反应类

（1）通过计算机模拟一定的运动情景。当刺激信息出现时，让队员根据自己的专项知识和经验，利用预判和直觉进行判断、按键或操纵仪器进行反复练习。

（2）通过编制的实战比赛录像带，让队员观看并进行判断选择正确的防守路线位置或截击点等，提高队员们的决策能力。

（3）通过精选编写的有关比赛场上各种情况的试题主要是选择题或是非题，让队员们用笔进行答题和选择。

（4）教练员经常有意识地问队员一些比赛中应该怎样做的问题，请队员快速回答。

测量方式：30 米跑、100 米跑、原地侧向推铅球、后抛实心球、立定跳远、1000 米跑。身体素质的各项数据都有非常显著的差异，铅球、后抛实心球、立定跳成绩的提高说明实验对象上肢和下肢肌肉爆发力的增强，30 米跑、100 米跑成绩的提高说明速度素质得到了增强，1000 米成绩的提高则表明羽毛球专项训练对于耐力的提高有非常积极的影响。

第三节　羽毛球运动对心理健康的影响

一、羽毛球运动有助于创造良好的情绪体验

情绪体验（emotional experience）即情的感受或称情感。这是主体在外界刺激的作用下所产生的一种唤醒或激活状态的反馈感受，情绪状态的调控能力是衡量体育锻炼对心理健康影响的最主要的指标。个体在复杂多变的社会环

境中,常常会产生紧张、压抑、忧虑等不良情绪反应,体育锻炼可以使个体从烦恼和痛苦中摆脱出来,降低应激水平,使处理应激情境的能力增强。麦克曼(McLean)等研究表明,经常参加身体锻炼者的焦虑、抑郁、紧张和心理紊乱等消极的心理变量水平明显低于不参加身体锻炼者,而愉快等积极的心理变量水平则明显要高一些。

体育锻炼之所以能够调节情绪,是因为体育锻炼的参与者能体验到运动带来的愉快感觉。心理学家认为,适度负荷的体育锻炼能够促进人体释放一种多肽物质——内啡肽,它能使人们获得愉快、兴奋的情绪体验。参加那些自己喜爱和擅长的体育锻炼,可以使人从中得到乐趣,振奋精神,从而产生良好的情绪状态。

(一)情绪体验的性质

以下从情绪的强度、紧张度、快感度和复杂度四个维度对情绪体验的性质作一些分析。

1. 强度

情绪体验在强度上可以有由弱到强的不同等级的变化。例如,喜,可以从适意、愉快到欢乐、大喜、狂喜;哀,可以从伤感到难过、悲伤、哀痛、惨痛;怒,可以从轻微的不满、生气、愠怒、激愤到大怒、暴怒;惧,可以从害怕、惧怕、惊恐到惊骇。情绪体验的强度首先取决于对象对人所具有的意义,意义越大,引起的情绪就越强烈。而这种意义的大小,是由该对象在个人生活中所占的地位来决定的。其次,情绪体验的强度还取决于人对自己所提出的要求。最后,情绪体验的强度也取决于人的需求状态。食物的气味,对饥饿者和不感到饥饿的人,其情绪体验的强度是不同的。

2. 紧张度

在紧张度方面,情绪体验的变化是很大的。紧张的情绪体验通常与活动的紧要关头、最有决定性意义的时刻相联系。在考试、讲演、运动比赛之前,人们都可以体验到这种紧张情绪。在活动进行的过程中,通常存在着关系到活动成败的关键时刻,当这种时刻在实际上或想象中临近时,情绪体验的紧张水平就会逐渐增强。活动成败对人越重要,则关键时刻到来时情绪就越紧张。关键时刻过去之后,则可以体验到轻松或紧张的解除。以前的紧张水平越高,则关键时刻过去之后,就越感到轻松。紧张一般有助于全身精力的动员和注意的集中,可能对活动产生有利的影响,也可能起抑制作用而使动作失调,从而妨碍活动的正常进行。紧张对活动的不同作用,除了取决于紧张的程度外,也与活动的难度、人对活动的准备以及是否具有必要的知识、技能有关。

3. 快感度

快感度是指情绪体验在快乐或不快乐的程度上的差异。悲伤、羞耻、恐惧、悔恨等有明显不快乐的感受,而欢喜、骄傲、满意等有明显快乐的感受。快感度在根本上是与需要是否得到满足有关的。事物能满足人的需要，就会引起快乐的体验；当事物不能满足需要或与需要相抵触时，则会引起不快乐的体验，情绪的强度会影响其快感度。微愠不一定是特别不愉快的，而强烈的愤怒则显然是不愉快的。渴望，通常伴有快乐的感受，但当它过于强烈而持久时，就可能产生不快乐的感受。

4. 复杂度

各种情绪的复杂程度是很不一样的。爱，包含柔情和快乐等成分；恨，包含愤怒、惧怕、厌恶等成分。如"惊喜悲叹"、"惊喜疑惧"这两种情绪就比"快乐"要复杂得多，"悲喜愧惧"、"悲恨爱悔"这两种情绪就比"悲哀"要复杂得多。有时，情感的成分非常复杂，我们甚至很难用言语来描述它到底是一种什么样的体验，而有的情感是很单纯的。

由于羽毛球运动的特点，在比赛过程中充满很多紧张的场面，身体极度的紧张，加上比赛场地嘈杂，场地设备条件要求高，运动员的情绪体验非常明显。比如，关键场次的比赛，运动员几天前就非常兴奋。在比赛的紧要关头，尤其比分接近时，运动员情绪表现非常明显。每当一方扣杀成功或得分时，往往发出愉快的喊声，双打时会拥抱自己的同伴，但这种状态有时会转入过度兴奋，行为变得不可控制，表现为失误增多，心态变坏，没了章法。还有一种情绪体验则是处于运动狂热状态，这种状态的出现，最容易违反比赛规则甚至出现不理智的行为。表现为摔拍，不满裁判判罚，顶撞裁判，甚至罢赛等。在羽毛球比赛中，好的情绪体验同与之相反的情绪体验迅速激烈地转化着，在关键时刻，得一分，可使队员鼓舞起来，使他的力量和必胜斗志增加 10 倍，相反，几个球接连失误，就可能引起茫然失措，降低对自己力量与实力的信心，从而使比赛进程更加不利。

综上所述，在羽毛球比赛中情绪变化是很大的，为使运动员能控制自己的情绪，发挥自己的水平，甚至是超水平发挥，平时必须培养坚强的意志品质和自信心，除了加强科学训练，提高全面身体素质，多打不同类型的比赛外，还应加强运动员文化素养，开阔运动员的眼界，增加与之相关方面知识的学习，给予运动员更多的鼓励和关心。另外还要加强对第二信号系统的调节和支配作用。

（二）羽毛球运动的积极情绪体验

羽毛球作为一项体育运动，以其趣味性、锻炼身体全面吸引着众多喜爱者，它又是缓解精神压力的一剂良方。练习者可以通过单打、双打、混合双打来进行练习，通过不停地跑动，来回地击打羽毛球，练习者的注意力从烦闷的事情上转移开，忘掉失意与压抑，在场上尽情地享受羽毛球带来的快乐。

在羽毛球运动中，对运动员的心理健康起到了促进作用。研究表明，高水平的运动员大多能够很好地控制自己的心理状态，并且能够及时调整到自己的较高运动水平。在对抗中思维的准确性与灵敏性对战术的运用和比赛的结果都起到积极的影响。具备良好心理素质的运动员,会对对手的意图准确地做出判断,失误时及时找出原因,变换战术打法,更加专注于比赛,从而赢得比赛的胜利。相关研究认为,心理训练是有目的地通过各种手段对运动员的个性心理特征加以影响,使运动员学会调节自己的心理状态的各种方法。其内容包括平时训练中的一般性心理训练和针对赛场环境的心理训练。在比赛中,心理适应比赛环境的水平是羽毛球运动员心理素质的主要影响因素;平时训练中,应充分认识心理训练的重要性和必要性,提高运动员的分析能力和自身调节能力,从而全面提高心理素质。

运动后产生愉快的感觉是在运动后所产生的满足感与喜悦感,并对运动过程的经历产生的一种积极的情感方面的反应。有关研究发现,有80%的人认为参加体育活动对治疗抑郁症效果显著。当人的自身能力能够适应面前任务的挑战时,就会产生愉快的感觉并会专注于该项任务。有关研究表明,体育运动的强度变化也会影响锻炼者的心理健康,羽毛球运动的强度可控性很强,可根据不同的需要调整强度,使参与者保持良好的心理状态。人们都喜欢参加群体活动,其主要原因是群体间的认同感、社会交流的强化、比赛带来的刺激性以及参加活动的机会,坚持完成体育活动的人要比半路退出的人更能够与他人建立亲密的关系。参与体育运动的社会环境有指导者(教练员)、同伴、观众等,同伴的促进作用使参与者能够坚持参加体育活动,同伴的在场更加容易促使参与者产生愉快的感觉。

羽毛球运动是竞技性运动与娱乐性运动相结合、有氧运动与无氧运动相结合的一种既能满足人心理需求,又能满足以锻炼身体为目的的身体需求;可以个人参加,也可以两人参加,最近流行的三人羽毛球赛更具娱乐性,对于调节心理状态、增强与人的交流能力等方面都有积极的影响。羽毛球运动作为一项体育运动,它可大可小的运动强度,双打时两人之间的配合和鼓励以及它所具有的挑战性,能够满足不同需求,使参与者产生运动快感,消除焦虑,缓解心理压力。

羽毛球运动因其竞争性、对抗性、大强度等诸多因素的要求,以及揣摩对方的战术意图,对各种战机的把握,对自己运用战术的选择等意志及智力因素,使得经常进行羽毛球运动,可以使人思维敏捷,对培养学生的意志品质、坚定信念,具有显著作用。

二、羽毛球运动有助于减轻不良的焦虑状态

焦虑属于一种精神心理方面的障碍。患者自感情绪不稳定,易紧张、生气、发怒、记忆力减退、睡眠障碍,以及心理压抑,工作时六神无主,缺乏自信心。与此同时,不少患者的植物神经调节也不够稳定,除表现为食欲差、便秘外,还常伴随浑身燥热、头晕、多汗等症状。焦虑使人工作、学习和生活质量都有不同程度的下降。

一般来说,焦虑与紧张常相随,工作紧张、学习紧张、思想紧张,以及在竞争激烈的环境中生活,都易产生焦虑。羽毛球运动将使精神上得以放松,情绪上得以转换,心理上得以安慰、通过与他人比赛、交谈、合作,往往会给人一种无形的安慰,感到轻松和愉快,由此使得焦虑状态减轻,自信心增强。羽毛球运动可以缓解焦虑症,并有效的增强自信心。

羽毛球作为一项娱乐活动,在练习过程中,通过不停地奔跑和身体的变化,努力地把球击到对方的场地,每当击球者在击出一个好球或赢得一个球时,都能使自己兴奋并获得成功的喜悦。击球手法、步法的灵巧性及战术打法的千变万化,使得球的飞行有快慢、轻重、高低、远近、狠巧、飘转等变化,使羽毛球运动充满了丰富乐趣的同时又富有很强的观赏性,使得羽毛球运动的参与者和观赏者都可以愉悦身心。羽毛球锻炼也可以作为不良情绪的一种发泄手段,既可以将各种心理矛盾引发的烦恼、焦虑、不安等应激情绪发泄出去,又可以在活动中通过相互交往形成亲密的人际关系,由于羽毛球运动时,人的注意力必须集中在击球、步伐调整上,从而达到注意的转移,能使机体得到充分的休息和调整,从而使心理得到平衡,增进心理健康。

羽毛球运动是一项对抗项目。无论是练习还是比赛,都需要与同伴(双打)或与对手进行交流和沟通,既要发挥个人的技术和积极性,更要发挥同伴协作的力量,默契配合,取长补短,有利于交流球技,增进友谊,缓解焦虑。

大学阶段是处于学校体育与群众体育接轨的重要环节,采用何种有效的身体锻炼方式和情境降低大学生的社会性体格焦虑,对进一步促进和巩固大学生的锻炼参与和锻炼行为,进而形成健康的生活方式意义重大。通过羽毛球运动,可以缓解他们学习、生活中的烦恼和压力,消除孤独感,进而形成合作、亲近的关系,培养交往能力。

第四节　羽毛球运动对社会适应的影响

在现代社会中,人的社会适应能力越来越受到教育者的广泛关注,提高大学生的社会适应能力也是学校的重要目标。

适应是指机体改变其生理构造和功能以适应环境、图谋生存的过程;社会学的适应是指一个社会体系适应自然和社会环境的过程。在社会学中,社会适应是指个体或群体调整自己的行为使其适应所处社会环境的过程。它有别于生物自我调整以适应自然环境过程的生物性适应。社会适应有两种方式:一是个体通过调整、改变自己的观点、态度、习惯、行为以适应社会条件和要求,这属于生存适应;二是尽最大的能力改变环境使之适合自己发展的需要。社会适应过程实质上是个体不断社会化的过程。

参加羽毛球运动,能有效地增强学生的自信心和与人交往的能力,缓解心理压力、消除焦虑,提高自身的社会适应能力,增强竞争意识,更好地适应社会。通过羽毛球运动,培养大学生对体育活动的兴趣,激发大学生参与体育活动的积极性,让大学生在学校这个大集体里,开心、健康地生活、学习。大学生通过体育活动,可以提高生活能力和生活自理的信心,培养学生具有现代人所需要的竞争意识与协助精神。通过这样的比赛机会,学习到人与人之间的交往技能,得到必要的训练和实践,培养大学生良好的心理素质,提高社会适应能力。

一、羽毛球运动对社会价值观念的影响

价值观是指客体对主体的一种满足程度,是人们对客观事物有无价值或价值大小的一种根本观点和评价标准。在现实生活中,同样的事物对有的人有价值,对有的人则没有价值;对有的人价值大,对有的人价值小。人们在认识了事物及其属性的基础上,从自身需要的尺度出发,确定各种事物是否有价值及其价值的大小,从而确定人们活动的价值取向。

羽毛球运动具有强烈的教育性,对培养学生的组织性、纪律性、合作精神和机智灵活的应变能力具有显著的作用,由于绝大多数青少年都具有较强的上进心、好奇心、活泼好动等心理特征。羽毛球运动,有助于培养学生的竞争意识和开拓精神。参加羽毛球运动能激励大学生力争上游、奋勇拼搏的竞争精神,也有助于培养他们的责任感、义务感和集体荣誉感,能给广大学生带来精神上的满足和感情上的愉快,激发他们锻炼身体的愿望。

羽毛球运动的社会价值如下:一是羽毛球运动是竞争性项目,其运动行为是通过隔网对抗的形式表现出来的,因而从事羽毛球运动能够增强竞争意识,尤其是双打,特别强调人与人之间的相互配合、相互信任、相互协作;二是羽毛球运动是在严格、统一的竞赛规则的规范下进行的"文明"运动,能够培养运动者良好的行为规范和组织能力;三是羽毛球运动是一项高体能、高智慧的运动,从事羽毛球运动能提高人的智能和体能;四是羽毛球运动有助于自我改进和自我发展,每一次障碍的克服和自我超越的实现,都会使参与者产生成就感,可以激励他们不断战胜自我,接受新的挑战,跃上新的高峰。羽毛球运动的这些特性使参加或参观者都能从心理上得到享受和满足,给人一种美的享受,促进人格的培养和个性的完善,形成良好的社会价值观。

二、羽毛球运动对社会规范行为的影响

规则是约束参与羽毛球运动人员的无形力量。这种规则效应使得参与者在运动过程中遵守纪律、尊重对手、尊重裁判,学会约束自我、公平竞争,从而形成良好的体育规范。

羽毛球运动有明确而细致的比赛规则,羽毛球运动的规则性有利于培养大学生的行为规范意识。每个参与的大学生都自觉地用规则来约束自己,运动规则就成了约束大学生在运动时的无形力量,最终学会遵守纪律、学会自我约束、公平竞争。

三、羽毛球运动对现代生活方式的影响

现代生活方式是随着生产力的不断发展而变化的,一方面,社会产品的日益丰富,人们在不断提高物质生活水平的同时,迫切要求提高精神文化生活的质量,以满足享受和发展的需要,由单色调向多色调的生活方向发展,包括求知、审美、娱乐等丰富多样的精神生活色彩;另一方面,现代化生活大大提高了劳动生产率,工作时间缩短,余暇时间增多,如何善度余暇就成了一个亟待解决的社会问题。

首先,体育健身是现代生活方式的重要内容,并且体育健身对现代生活方式的影响越来越大。近年来,随着社会学的研究风靡世界,对生活方式问题也进行了有益的探讨。所谓生活方式,就是一定时期生活资料的内容和人们对它的利用形式及其与生活关系的统一。生活资料既包括物质生活资料,也包括精神、文化生活资料;既包括消费性生活资料,又包括享受性生活资料和发展性生活资料(即完善自身和社会进步的需要)。从社会发展的历史看,不同的社会形态有不同的生活方式。从生活方式的主题看,有个人生活方式、家庭生活方式、社会生活方式;从生活方式的基本内容看,有物质生活方式、政治生活方式、精神文化生活方式。生活方式赖以存在的物质基础是生活资料,而一定的生活资料又是由一定的社会生产方式提供的,因而,从根本上讲,一定的社会生产方式决定一定的生活方式。生活资料的变化、发展,必然使生活资料的利用形式发生变化。

余暇时间增多是社会进步的标志,因为社会所拥有的业余时间的总量归根到底取决于生产力发展水平。余暇时间增多意味着人们用于生活的必要劳动时间减少,用于发展和完善自身的时间增多。马克思称余暇时间是人类发展的空间和社会的财富。可见,一方面人们要求有丰富多样的精神文化生活;另一方面又有了更多的余暇时间。在这种情况下,体育作为现代科学技术的橱窗,作为社会文明的一种标志,很自然地成为休闲生活的一种形式,成为现代生活方式不可缺少的内容。体育,由于它表现了人体美、动作美、技术美、心灵美等多种美的形式。由于它的形象性、感染性、创造性等特点和特殊魅力,不仅能给紧张的情绪提供"缓解剂",舒展肢体,恢复疲劳,调节心理平衡,满足精神文化生活的需要,而且还可以陶冶情操,愉悦身心,提高审美能力,培养高尚的审美情趣,激发人们追求美、创造美的热情。

在我国,随着生产力的不断发展,社会产品的日益丰富,生活资料的构成和消费领域都起了很大的变化。毫无疑问,随着人们生活水平的日益提高,为取得身心健康而花钱去从事体育运动的体育消费将逐步增加,社会主义制度下的余暇时间为人的全面发展提供了必要的"空间",体育是丰富精神文化生活,提高生活质量和善度余暇的积极手段,是文明、健康、科学的生活方式的重要内容。

一方面,信息技术的广泛应用,往往使人们在高速度、高强度、高效率的情况下进行工作;拥有健康的身体成为基础和保证;另一方面,工作时间的缩短和业余时间的增多,人们希望和需要进行丰富多彩的体育活动,来丰富和调剂生活。所

以，随着人们对生活质量的要求逐步提高，体育锻炼已成为现代生活方式中不可缺少的最行之有效的重要组成部分，事实上，体育更是一种社会活动，它的价值也不仅仅是强身健体，它可以娱悦心灵，也可以交朋友，羽毛球运动有助于塑造健全的人格精神，羽毛球运动可以使大学生的社会交往能力增强，改善他们的人际关系。随着大学扩招，社会压力不断增大，在步入大学以后，新的人生阶段成长任务更新升级，来自于家庭、社会和学业上的压力不断挑战着大学生。刚刚独立生活，学生之间还不善于了解和沟通，相互之间价值观念的碰撞使他们经常处于关系冷漠的状态，孤独感和人际关系障碍随之产生，而通过羽毛球运动，在打破这些壁垒，丰富他们的课余文化生活的同时，不仅解除了同学间的隔阂和戒心，促进他们之间的了解和合作，而且羽毛球运动也是一种群体活动，能使大学生体验到自己与集体的关系，能对人与人之间的关系起到协调作用。

羽毛球运动的特点是，需要参与者通过语言与同伴在激烈对抗的条件下完成练习或比赛，但是没有任何身体接触，同时，又需要有高水平的体能以适应相对较高的运动负荷，还要求参与者有坚韧的毅力完成全程的练习或者比赛。在羽毛球运动中会接触不同的人，如比赛中的对手、裁判、观众，平时训练中相互切磋交流的队友等。对于参加羽毛球运动的人来说，羽毛球场地是一块充满竞争与挑战、激情与快乐的场地，羽毛球运动为许多陌生的朋友搭建了一座充满友谊与快乐的桥梁。通过观察与交谈发现，由于羽毛球运动经常接触形形色色的人，使运动员的交流能力增加，性格也变得更加开朗。而且在与不同的人从陌生到熟悉的交流过程中提高了自己的社会适应能力，增强了竞争意识，更好地适应了社会。

由于羽毛球运动的技能特点和锻炼价值，已吸引了不少人参与锻炼。任何一个体育项目，只有建立在练习者主动地、自发地基础上，才能投入练习热情和积极性，才能坚持锻炼。羽毛球运动，让人们认识了更多的朋友，让人们之间有了更多的帮助和交流，同时促进了社会的和谐发展。羽毛球运动是一项对抗项目，无论是练习还是比赛，需要与同伴（双打）或与对手进行交流和沟通，它既要发挥个人的技术和积极性，更要发挥同伴协作的力量，默契配合，取长补短。这种体育锻炼方法，对大学生来说，有助于促进个体社会化进程。

第五节　羽毛球运动对颈椎与肩周炎的防治作用

一、羽毛球运动对颈椎病的防治作用

颈椎病是指颈椎间盘退行性变、颈椎肥厚增生以及颈部损伤等引起颈椎骨质增生，或椎间盘脱出、韧带增厚，刺激或压迫颈脊髓、颈部神经、血管而产生一系列

> 羽毛球运动的特殊活动方式，使之已成为预防和治疗现代人因长时间连续大量使用计算机而引发的颈、肩部病症的物理手段之一。

症状的临床综合征,主要表现为颈肩痛、头晕头痛、上肢麻木、肌肉萎缩、严重者双下肢痉挛、行走困难,甚至四肢麻痹,大小便障碍,出现瘫痪。

颈椎病是临床多发病、常见病,严重影响着人们的身体健康和生活质量。近年来,随着电脑的普及,颈椎病的发病呈现普遍化、年轻化的趋势。有专家预测,未来 50 年内颈椎病将取代以体力劳动为主要诱因的腰腿痛而上升为骨伤科临床的重要疾病。长时间低头伏案、颈部受凉和缺少运动是颈椎病的主要危险因素。

体育运动可降低患颈椎病的风险,羽毛球运动作为一种发展成熟的体育运动和娱乐活动,它作为一项隔网对抗类小球运动,运动量可大可小,有着很强的趣味性和安全性。羽毛球是一种全身运动项目,上肢、颈项部、肩背部、腹部及下肢的肌肉"全体"参与,能有效促进全身肌肉的血液循环;能充分调动人体颈、肩、背部等全身的活动,尤其是在完成高远球的技术动作时对颈、肩、背部的活动更为明显,所以羽毛球运动非常适合颈椎轻度退行性变的预防和康复性锻炼。无论是进行有规则的比赛还是作为一般性的健身活动,都要在场地上不停地进行脚步移动、跳跃、转体、挥拍,全身上下协调跑动,头部时不时要注意球的方位,颈椎在随球的方位而前后左右地运动着,正是这样的运动恰恰对颈椎起到了舒筋活血的功效,在不知不觉中治疗颈椎病,特别是后场球处理的时候,头颈部要向上仰起,这个动作正好符合颈椎病功能的锻炼要求,可全面活动颈椎各关节,有效促进颈椎劳损肌肉和韧带的修复。羽毛球运动不仅能够让颈椎得到上下左右运动,起到舒筋活血的作用,而且让自己短时间内对瞬息万变的球路做出判断,提高了自身神经系统的灵敏性和协调性。

羽毛球运动的重建颈椎动力平衡,增强颈背部肌力,改善韧带及周边组织,防止椎间盘退变和增生,增加骨量,促进血液循环及减少炎症等作用都说明其对颈椎轻度退行性有良好的疗效。羽毛球运动可以增强颈背部肌力,增强韧带及周边组织的活动能力,防止椎间盘退变和增生,增加骨量,促进血液循环及减少炎症等作用,非常适合颈椎轻度退行性变的预防和康复性锻炼。

二、羽毛球运动对肩周炎的防治作用

肩周炎,是肩关节周围肌肉、韧带、肌腱、滑囊、关节囊等软组织损伤、退变而引起的关节囊和关节周围软组织的一种慢性无菌性炎症。肩周炎按形成原因分为原发性和继发性两种。肩关节是人体全身各关节中活动范围最大的关节。其关节囊较松弛,关节的稳定性大部分靠关节周围的肌肉、肌腱和韧带的力量来维持。由于肌腱本身的血液供应较差,而且随着年龄的增长而发生退行性改变,加之肩关节在生活中活动比较频繁,周围软组织经常受到来自各方面的磨擦挤压,故而易发生慢性劳损并逐渐形成原发性肩周炎。

肩周炎产生的原因主要有肩部原因和肩外因素。

• 肩部原因：

（1）大多发生在 40 岁以上中老年人，软组织退行病变，对各种外力的承受能力减弱是基本因素。

（2）长期过度活动、姿势不良等所产生的慢性致伤力是主要的激发因。

（3）上肢外伤后肩部固定过久，肩周组织继发萎缩、黏连。

（4）牵拉伤后因治疗不当等原因。

• 肩外因素：

心、肺、胆道疾病发生的肩部牵涉痛，因原发病长期不愈使肩部肌持续性痉挛、缺血而形成炎性病灶，转变为真正的肩周炎。

加强肩关节肌肉的锻炼可以预防和延缓肩周炎的发生和发展。肩周炎是以肩关节疼痛和活动不便为主要症状的常见病症。肩周炎是一种老年性退行性疾病，但现在已逐渐呈现低龄化趋势，其根本原因是肩关节缺乏必要的活动使得其功能减退，肩关节囊与关节发生黏连后，进一步发展为纤维化而限制了肩关节的运动，故又被称为肩凝症、冻结肩，其特点主要表现为肩关节活动受限。平时多进行肩部锻炼可有效预防肩周炎，打羽毛球是预防和治疗肩周炎的一种有效的运动方式。因为在打羽毛球时，无论使用左手或右手，在挥拍击球、发球、扣球、接球时都在最大限度地运动肩关节，当然也包括肘、腕及手关节。在羽毛球的各种运动姿势中，有一个使用得最频繁的动作，即高抬胳膊用力扣杀，此时肩关节充分处于前屈、外展、旋状态，最能发挥肩关节的功能，也最有利于治疗肩关节因活动不足而导致的功能障碍。在羽毛球运动的过程中，虽然只用一只手接球、发球、击球和扣球，但人体是一个整体，对应的那只手也必须顺应打球手的需要，在做着相应的辅助、平衡、对称等活动，这样，双肩都得到了有效的运动。羽毛球运动主要起到预防肩周炎的作用。

针对不同程度的肩周炎，已经有了痛感及功能障碍，就必须经过临床对症治疗，使得疼痛缓解，功能障碍减轻，并能够进行康复锻炼时，才可以进行羽毛球练习。而且，开始只能做些发球、接球的轻微性活动，能够在外旋、外展、前屈、内旋、内收、后伸等几个方向的运动上达到一定的幅度，才可以练习抬手扣球的动作。当然，正是这个动作，最能有效地拉开肩关节，使肩关节功能进一步改善。治疗肩周炎的疗程至少要数月，即使完全康复后，羽毛球运动仍须长期坚持下去，以保持肩关节处于良好的功能活跃状态。

具体的练习方法如下：每天练习羽毛球两人对打一次，每次半小时至 1 小时，运动量以能耐受为度，在各种击球姿势中，应保持一定量的扣球动作，以最大限度地活动肩关节及其周围肌群。

思考题

1. 羽毛球运动的主要健身价值有哪些？

2. 羽毛球运动是如何调节和改善人的心理状态的？

第三章 羽毛球运动常见损伤与处理

◎**本章导读**

经常参加羽毛球运动对全面发展身体素质、提高供养能力、调节神经系统、培养良好品质及完善心理素质等方面具有良性促进作用。但由于羽毛球运动是灵活、快速、多变的隔网对抗性项目，加之参与者运动方式不当，极易造成损伤。多数损伤是由思想意识不重视、不了解自己的体能、没有充分的准备与放松活动等引起。

第一节 羽毛球运动的疲劳与恢复

一、羽毛球运动中运动性疲劳的产生

运动性疲劳是指运动引起的肌肉最大收缩或者最大输出功率暂时性下降的生理现象，或机体的生理过程不能持续其机能在一特定水平或不能维持预定的运动强度，其基本标志和本质特性是肌肉运动能力下降，并可分为躯体性疲劳和心理性疲劳，这两种不同性质的疲劳具有不同的表现形式。躯体性疲劳主要表现为运动能力下降；心理性疲劳主要表现为行为的改变。运动性疲劳常因运动方式的不同而表现出不同的症状。在竞赛和训练中，身体疲劳和心理疲劳是密切相连的，所以运动性疲劳属身心疲劳。

羽毛球的运动量可根据参与者个人的年龄、体质、运动水平和场地环境的特点而定，也就是说，其运动量可大、可小。当大强度运动时，由于要消耗大量能量，体内供应能量的能源物质加速耗尽，致使肌肉运动时所需的能量得不到补充，影响活动能力。体内能源物质转化供能的过程中，一方面，释放大量热量——这也是运动时体温升高的重要原因，致使机体大量出汗以维持体温的恒定，在此过程中，伴随着盐份等物质的丢失致使体内 pH 值下降、水盐代谢紊乱和血浆渗透压改变等内环境失调；另一方面，在运动长时间持续的情况下，体内产生大量的代谢产物乳酸等，有研究表明，运动中产生的乳酸可以通过以下几个方面影响运动能力：

(1) 阻碍兴奋在神经肌肉接点处的传递；

(2) 抑制磷酸果糖激酶减慢糖酵解过程；

(3) H^+ 可代替肌钙蛋白中的钙，降低肌肉的收缩能力；

（4）H$^+$ 作用于脑,引起疼痛、恶心、定向障碍等严重副作用;

（5）抑制脂肪组织内敏感脂肪酶的活性,限制自由脂肪酸进入血液。

小运动量时,产生的疲劳主要是心理方面。这种情况比较常见,如当遇到比自己整体水平有一定差距的对手时,致使自己的技战术得不到发挥,运动量不到自己机体阈值,提不起激情;与同伴配合不佳,比赛过程中束手束脚,影响技战术的发挥等。相对于比赛的精彩程度,心理疲劳较甚于躯体性疲劳带来的影响。

二、羽毛球运动中运动性疲劳的恢复

运动性疲劳的恢复也就是疲劳消除的过程,疲劳的恢复应该围绕其产生的原因展开,针对运动时能源物质的消耗。我们可以进行营养物质补充的方式来缓解疲劳,即从人体所需的供能物质和对生理功能调节的维生素及微量元素入手进行补充糖、脂肪和其他所需物质。能量物质的补充不应仅仅停留在运动前或者运动后,而应贯穿于整个运动过程。如:糖、维生素及有机物等的补充。自制运动饮料是不错的手段之一,可以根据自己的需要配比营养成分。

大量出汗导致内环境失调以及代谢产物堆积,补水是关键,加之物理手段促进肌肉放松,改善肌肉血液循环,加速代谢产物排出。补水促进体内酸碱平衡、改善血浆渗透压,促进循环代谢。但是要根据自身情况科学补水,否则得不偿失。

水浴、蒸气浴、理疗、按摩等物理手段对放松肌肉,改善局部血液循环,增加关节活动度,促进代谢产物的排出具有明显作用。物理手段更要讲究科学性,如:温水浴的水温以 40℃ 左右为宜,温度不宜过高,时间为 10 分钟左右,勿超过 20 分钟以免加重疲劳,也可在训练结束半小时后进行冷、热水浴,冷水温度为 15℃,热水温度为 40℃,冷浴 1 分钟,热浴 2 分钟,交替三次;桑拿浴一般不要在运动结束后即刻进行,以免造成脱水和加重疲劳。运动后进行适量的整理活动是简单易行效果较显著的消除疲劳手段,按摩、拉伸及慢跑等皆可体现在整理活动中。

另外,通过对中枢神经的调节,也是促进疲劳消除的有效途径。良好充足的睡眠是消除疲劳的一种最直接、最有效且经济的方法。人体进行睡眠时,大脑皮层的兴奋性最低,机体的合成代谢最旺盛,有利于体内能量的蓄积。通过意念活动以及调整呼吸进行放松,是利用调节中枢神经消除疲劳的表征。

消除运动疲劳的方式很多,依据自身情况,将不同的放松方式进行科学地组合,才更易于达到有效的放松。

第二节　羽毛球运动损伤的种类与预防

运动损伤是指在体育运动过程中或因体育运动因素所发生的一切损伤。

因其发生与运动训练、运动专项的技术动作的特点等因素有密切的关系,故被称为"运动技术病"。这些损伤常发生于专业运动员身上,并在一定程度上随着训练量的增减,其症状有所变化,也被有些人称为"职业性损伤"。

运动损伤一旦发生,将会影响运动员的正常训练甚至比赛;对于一般的健身爱好者而言,更是得不偿失。所以我们提倡预防为主、积极治疗,最大限度地预防运动损伤的发生,万一发生,要尽早进行良好的治疗和康复锻炼。

一、常见的羽毛球运动损伤的种类

运动损伤的分类方法较多,参照其分类,羽毛球运动损伤可按损伤组织的名称、损伤的程度、损伤组织是否有创口与外界相通以及损伤病程等进行分类。

> 每项体育运动都有其特有的易发损伤,了解其运动损伤的发生原因,才能更好地在参与运动中防患于未然,最大可能地减少运动损伤的发生率。

(一) 按损伤组织的名称

按损伤组织的名称,主要有腕关节损伤、肘关节损伤、肩关节损伤、腰部损伤、膝关节损伤、踝关节损伤、肌肉损伤、韧带损伤等。

(二) 按损伤的程度

按损伤的程度,有轻度损伤、中度损伤和重度损伤三种。轻度损伤指受伤后不影响正常运动;中度损伤指受伤组织不能承受原有强度继续运动带来的负荷,需要治疗和暂时停止患部练习或减少患部活动;重度损伤指受伤后需要长期治疗,不能参加练习和比赛。

(三) 按损伤组织是否有创口与外界相通

按损伤组织是否有创口与外界相通,可分为开放性损伤(损伤组织有创口与外界相通)和闭合性损伤(损伤组织无创口与外界相通)两种。

(四) 按损伤病程

按损伤病程,可分为急性损伤和慢性损伤两种。急性损伤是指一次性或瞬间直接或间接暴力所致的损伤。发病急,往往在受伤的即刻或短时间内表现出来,伤者一般都能清晰地诉出受伤过程与原因,病程短,病理变化以渗出、肿胀为主,体征表现较明显。如肩部、腰部肌肉的拉伤,膝踝韧带的扭伤、断裂,腕关节扭伤等。慢性损伤(包括劳损和肌肉损伤)的病理变化往往以组织变性、增生、黏连为主,体征表现不明显,并带有反复发生或多变的特点,伤者对损伤过程、原因常叙诉不清楚。一般为伤后治疗不及时,急性损伤处理不当,活动安排不得当,局部练习过度或负担量过大,伤病逐渐积累而成。

从羽毛球损伤的病例看,羽毛球运动的损伤,绝大部分属于软组织损伤,主要有肌肉、筋膜、肌腱、关节囊和韧带等。软骨组织损伤较不多见,骨组织则极为罕见。损伤程度方面多以轻度与中度损伤为多见;损伤病程方面,急性损伤发生率低于慢性损伤。

二、常见的羽毛球运动损伤的原因

损伤的发生,大多是非偶然性的,是由直接原因和诱发因素决定的,有一定的规律性。掌握并运用这些规律,才能把损伤的发生率降到最低限度。现在我们先对这些规律进行探讨。

(一)思想意识

运动损伤发生率的高低与体育组织者、指导者、运动直接参与者对预防损伤的意识、措施有密切的关系。认为运动不会发生不必要的损伤,忽视必要的安全教育,致使运动参与者对预防损伤的意义认识不足,心血来潮、不顾客观条件允许,加之羽毛球技术特点是瞬间爆发力、快速启动、瞬间制动以及跳跃等致使损伤的发生。

(二)准备活动

不做准备活动或准备活动不充分是引起羽毛球运动损伤的重要原因之一。在准备活动中,主要存在以下一些问题:

不做准备活动或准备活动不充分。在这种情况下,神经系统和其他各器官系统的功能没有达到适宜水平的情况下,立即进入紧张的正式运动,由于肌肉、韧带的力量及伸展性达不到运动状态的要求。运动中负担较重部位的功能没有得到相应的提高,身体协调性差,肌肉僵硬、不协调,关节活动幅度和灵巧性受限,运动损伤发生率增加,容易发生肌肉拉伤和关节扭伤。

准备活动不科学。活动内容太一般化,与羽毛球运动的特点及参与者自身的特点结合不好。往往采取一般的准备活动内容与方式,使需要发挥专门技巧的条件反射未得到提前激发,运动技术有特殊要求的部位没有得到应有的改善与适应,易造成损伤的发生。已受伤的部位没有特别照顾,二次损伤的发生率大大增加。准备活动未循序渐进,过于急躁、匆忙地做准备活动,或局部负荷过大,有的参与者甚至在做准备活动时就发生损伤。

准备活动的量过大。身体在进入正式运动之前已经疲劳,当进入正式运动时,身体功能不是处于最佳状态,而是呈下滑态势,致使运动时损伤的发生。

准备活动与比赛间隔时间过长。当身体进入正式运动时,准备活动所引起的生理作用已经减弱或消失,失去做准备活动的意义。

(三)训练水平不够

一般的损伤产生大多是由于参与者做自己本身不能承受的动作负荷。只有通过不断地训练,才能提高自身的抗压能力。一般来说,训练包括三个方面:身体训练、技战术训练及道德品质训练,很多损伤皆由参与者训练不全面引起。

身体训练不足。包括身体的功能状况不良和体适能状况不良。身体状况不良,一般指疲劳或过度疲劳状态、患病及损伤等。身体状态不良的参与者,其力量、精确度和身体机能均会下降,甚至专业运动员,在疲劳时进行运动,也可能发生技术上的错误,引起运动损伤的发生。机体在状态不佳的情况下,警觉性和注意力将会减退,反应迟钝,若继续坚持运动,损伤的发生率将大大增加。体适能状态不良,参与者肌肉力量(快速力量和耐力)、柔软度不佳,致使肌肉僵硬、不协调等;心肺耐力欠佳,影响精神专注力及有关器官营养物质的供应,致使疲劳提早出现,造成运动损伤。

技战术训练不足。参与者技术动作存在一定缺陷,是造成损伤的主要原因之一。技术动作不符合运动生物力学规律,违反人体运动规律。在极易造成损伤的同时还影响运动水平的提高。战术意识缺乏,使得运动时活动量增加,加重损伤的发生率。

心理训练不足。参与者的心理状态与损伤的发生有密切的关系,在心情不佳、情绪低落,信心不足或过强,过度紧张,心血来潮、不懂节制等情况下,将会增加损伤的机会。

此外,运动量安排不当、道德品质、场地问题、服装、天气等都会在一定程度上造成损伤的发生。

三、常见的羽毛球运动损伤的预防

运动损伤重在预防、防治结合。根据这一方针,结合运动损伤发生的原因,在教学和运动中,应该遵循相应原则。

(一)加强思想教育

必须注意加强思想教育,使学生确立锻炼身体、增强体质的运动观念;加强组织纪律性教育,重视安全教育,使学生严格遵守运动场的规章制度。在上课和运动时要开展预防损伤的宣传教育,加强安全教育,使参与者建立安全意识,减少羽毛球运动损伤的发生。

(二)准备活动要充分

准备活动能增加肌肉中毛细血管的开放数量、加快血液循环,提高肌肉的力量、弹性和灵活性,提高关节韧带的力量和弹性,增加关节滑液的分泌,可以有效地防止拉伤和扭伤。为此,要强调重视和做好准备活动,准备活动要有针对性,既要有一般准备活动,也要有专项准备活动。其量视羽毛球技术特点、个人战术特点、个人技能状况、气象和场地条件等而制定。严禁不做准备活动就投入正式运动。对曾受伤的部位,要谨慎做好准备活动。

准备活动结束到正式运动开始的时间间隔,以1～4分钟为宜;活动量以身体稍微发热,有些出汗为宜;时间一般控制在15～20分钟。羽毛球运动的准备活动应遵循以下方式:先进行动力性和静力性肌肉力量练习3～5分钟,然后再由脚踵开始到全脚着地的慢跑3～5分钟,最后再进入伸展性练习和快速跑运动。在准备活动中安排适当的力量练习内容,对提高肌肉温度、改善肌肉功能、增进肌肉抗拉伤能力是很有好处的。

按摩可以有目的地增进肌肉力量和弹性,减小肌肉及其辅助结构的黏滞性,有利于关节的灵活性和韧带的柔韧性。特别是已发生过损伤的部位,进行按摩和动力性拉伸相结合的准备活动,不仅大大提高了准备活动的效率,而且缩短了准备活动的时间。一般来说,按摩时间 10～15 分钟并于正式活动开始前 15 分钟内进行。

(三)增强体能

损伤基本上是由于参与者身体不能承受该动作的强度要求而发生的,因此加强自身体能练习也是减少损伤的途径之一。加强自身肌肉力量,使其能够承受运动时技术动作对身体的冲击。体能练习时应遵守循序渐进、针对性、适量性、平衡性等原则。在量的安排上要循序渐进,根据自身本阶段素质安排练习强度;针对自身体能的特点与易受伤部位,科学安排练习内容;练习强度要在自身可以承受的范围内,适量练习有助于超量恢复;练习内容安排力求平衡,既要有力量练习,也要有速度、柔韧以及协调性等练习。

(四)加强保护与自我保护

保护和自我保护是预防运动损伤的重要手段,特别是在剧烈运动时,要依据技术动作的特点进行合理的缓冲,以减少局部负担过重。如:上网步伐在最后持拍手同侧脚着地时,应是脚跟先着地然后迅速过渡到全脚掌制动,另一只脚随收缓冲;大力挥拍击球时,将球击出后的随挥动作,都是为了保护肢体免受不必要的伤害而进行的保护动作。在运动时,每局运动后为了尽快消除疲劳,防止由于局部负担过重而出现损伤,重视每局间隔时的放松,有选择地进行积极性休息。要做好自我医务监督,身体若有不良反应时,要认真分析原因并采取必要的保健措施,严格控制运动量,不宜做高难度动作。在场地环境不适应时,出现身体不适现象,更应高度警惕。

第三节　羽毛球运动损伤的处理

羽毛球损伤重在预防,但万一发生损伤怎么办?首先我们应该对损伤进行相应的处理,严重损伤需送医院治疗。防治结合是应对已有损伤的最有效办法。下面我们先谈一下常见羽毛球损伤的有关生理反应与处理,为今后运动中出现类似损伤提供借鉴。所有的损伤基本上都伴有疼痛的生理反应,以下皆不赘述。

一、常见的羽毛球运动损伤的生理反应与处理

(一)皮肤损伤

皮肤损伤是在羽毛球运动中较为常见的一种运动损伤,其以开放性损伤为主。皮肤受外力的摩擦所造成的皮肤损伤称为擦伤。

生理反应：伤口有出血或组织液渗出，易感染。

处理：重点进行止血和保护伤口处理。小面积的、浅层的、清洁面无异物的擦伤，首先用生理盐水冲洗消毒，再涂以红药水或紫药水。如伤部在较明显部位，如面部，最好不要用紫药水；伤部在关节部位的最好进行包扎治疗，以防伤口干裂而影响运动。有异物附着或大面积的擦伤，极易发炎和感染，要用生理盐水彻底冲洗，再用凡士林油纱布覆盖伤口并进行加压包扎，污染严重的伤口应送医院处理。

皮下水泡属于闭合性的皮肤擦伤。手上起水泡，多为技术不正确与皮肤太嫩引起；足上水泡原因较多，如：运动场地不良、技术不佳、皮肤嫩、鞋袜质量不好或大小不合适等。

生理反应：表皮与真皮局部分离、组织液积聚。

处理：先用75％的酒精消毒，然后用消毒针抽吸积液，再用消毒纱布覆盖包扎。如水泡破裂，按开放性擦伤处理。擦伤处理时要注意无菌操作，以免发炎或感染。一旦发炎或感染应由医生处理，以免造成不良后果。

（二）肌肉拉伤

在力的作用（直接或间接）下，肌肉主动收缩或被动拉长而超过其所承受的能力范围则可引起肌肉拉伤。常见的有腘绳肌、曲腕屈指肌群、肩袖肌等。

生理反应：伤部出现肿胀、肢体功能有一定障碍、肌肉发紧或僵硬、有压痛感、活动时痛感更明显，较严重的拉伤还会出现瘀血、肢体严重功能障碍等。

处理：伤后应立即给予冷敷、局部加压包扎。痛感严重者可以适当服用止痛药，也可内服、外敷中草药。轻度拉伤可在24小时后开始理疗和按摩。若形成开放性损伤，应给予及时缝合。

在恢复期间，可根据损伤的不同程度与症状而合理安排康复锻炼；也可做一些静力性肌肉收缩练习，练习的量和强度可根据具体情况适当增减，谨防二次受伤的发生。

肌肉撕裂者经手术后，须待愈合后才可进行拉伸练习，在术后固定期，可做些不负重的静力性收缩练习，去除固定后，即可积极地进行肌肉伸展性练习与提高肌肉力量练习，配合按摩患部，可以促进血液循环，加速恢复过程。

（三）关节韧带扭伤

外力使关节发生超常范围的活动以致造成关节囊韧带的损伤称为关节韧带损伤。常见的有踝关节、膝关节、肘关节等扭伤。

生理反应：伤部剧痛并伴有肿胀的发生、皮下淤血、关节功能障碍、局部压痛，牵拉时疼痛加重、关节活动范围增大等。

处理：伤后立即给予伤部冷敷或冰敷、加压包扎、适当制动和抬高伤肢，以减少出血和肿胀。局部敷用止血药、消炎药及止痛药。受伤24～48小时后可进行局部按摩或理疗。在制动固定时，宜将关节受损韧带处于松弛位，若关节肿胀明显或韧带断裂者应及早去医院救治,以便更好地恢复。

当关节肿胀与疼痛减轻后,应及时地、适度地进行伤肢功能锻炼,以防肌肉萎缩或与关节、组织黏连。一般1~2周后可开始进入关节协调性和平衡能力的练习。根据实际情况逐步增加练习负荷,在进行康复锻炼时要适度佩戴保护装置,以免再度受伤。

(四)肌肉痉挛

由于肌肉不自主的强直收缩造成肌肉动作不协调、患者突感剧痛的现象。肌肉痉挛俗称抽筋。

生理反应:肌肉连续快速抽动并有剧痛感。

处理:反向牵拉患部肌肉,使之拉长,一般疼痛都可缓解。牵拉时用力适中,速度宜缓,以防拉伤肌肉。还可配合局部按摩,采用重力按压、揉捏委中、承山、涌泉等穴,并注意保暖以促进缓解。

二、常见的羽毛球运动损伤处理方法

常见的羽毛球运动损伤处理方法一般分为:物理疗法、中医疗法和运动疗法等。

(一)物理疗法

物理疗法以冷疗、热疗为主。

冷疗多用于损伤发生的初期,使患部血管收缩,血流速度减慢,局部代谢下降,伴同组织温度局部下降,以防出血过多,导致组织肿胀、淤血等现象。急性软组织损伤后应立即使用冷辽,以减少局部的肿胀,加快痊愈过程。冷疗的同时抬高伤肢,以利于静脉和淋巴回流。

热疗是对机体采用外界热源的初期作用,增加组织的温度,扩张毛细血管,增加毛细血管压力和血流量。血流增加带来白细胞增加,局部的细胞吞噬作用增强,有利于伤部的恢复。

冷疗与热疗交替使用,可以使局部组织循环产生一个更大的反射性作用,效果更佳。特别是组织扭伤、肌肉拉伤等效果最好。如:肌肉拉伤初期先用冷水冲洗患部或并在痛点敷上冰块或冷毛巾,保持30分钟,以使小血管收缩,减少局部充血、水肿。4~5天后热敷以加速局部区域的供血,把治愈细胞带到伤处,舒缓紧张的肌肉。

(二)中医疗法

中医是我国传统医学,承载着中国古代人民同疾病做斗争的经验和理论知识,是在古代朴素的唯物论和自发的辨证法思想的指导下,通过长期医疗实践逐步形成并发展而成的医学理论体系。治疗方法种类多、内容丰富且各具特色。这里简单介绍一下常见的几种方法:药物疗法、按摩疗法和拔罐疗法。

(1)药物疗法主要是指采用动植物及矿物等天然资源,对患者进行治疗的方法;是指通过口服药物,经由消化器官吸收,以达到扶正祛邪、调节机体气血阴阳,使机体康复的疗法。常用的治疗方法有汗、吐、下、和、温、清、补、消八法。口服药物的剂型有汤剂、丸剂、散剂、膏剂、丹剂、酒剂、片剂、糖浆、茶剂、冲剂等。这是在临床各科应用范围最广的治疗方法。

(2)按摩疗法是中国传统医学中重要的宝贵遗产之一,是利用双手、足或器械在身体一定部位(肌肉、经络、穴位)上,运用各种方法进行操作,促进静脉和淋巴回流到心脏,从而减轻局部肿胀,依次改善动脉和毛细血管血流,可改善肌肉营养并有利于主动活动,达到治病强身的目的。常见的按摩手法包括摆动类、摩擦类、挤压类、振动类、叩击类及运动关节类手法。

(3)拔罐疗法是以罐为工具,利用燃烧、抽吸、挤压等方法刺激和负压,人为造成毛细血管破裂淤血,调动人体干细胞修复功能及坏死血细胞吸收功能,能促进血液循环,激发精气,调理气血,达到提高和调节人体免疫力的作用。拔罐疗法对心率、血液循环、血压、呼吸、消化、神经、内分泌等系统具有双向的良性调节作用。

(三) 运动疗法

运动疗法属于康复训练的一种,是指利用器械、徒手或患者自身的力量,通过某些运动方式(主动、被动、牵拉、抗阻等),使患者获得全身或局部运动功能、感觉功能恢复的训练方法。包括关节功能训练、肌力训练、有氧训练、平衡训练、易化训练、移乘训练、步行训练等。损伤后进行运动疗法可以使患部恢复正常的活动范围、恢复和发展肌肉力量、平衡患部肌肉的协调性、发展动作的速度等。羽毛球运动对参与者的速度、力量、协调等素质要求较高,在康复期多进行运动治疗对患者的运动能力恢复具有巨大的作用。

思考题

1. 如何预防羽毛球运动的运动损伤?
2. 谈谈羽毛球运动损伤的简易处理方法。

技能篇

JINENG PIAN

第四章 大学羽毛球初级水平教学指南

◎**本章导读**..

羽毛球的球拍是选手手臂的延伸,正确的握拍可使拍与人的手有机地融为一体,选手可用这只"延长的手"随心所欲地迎击不同方向、不同速度的来球。羽毛球的握拍分为正手握拍和反手握拍。但对于一名高水平的选手来说,握拍不是一成不变的。

第一节 羽毛球击球技术简述

一、击球技术基本环节

羽毛球比赛时,运动员的每一次击球动作,都是从站位准备开始,在判断对方来球的路线、落点后反应起动,移动到击球位置击球,然后做下一次的击球准备。

站位、准备→判断、起动→移动、引拍→到位、击球→站位、准备……

在比赛的对击过程中,双方都按此程序击球,周而复始,直至成死球。这四个环节都会影响运动员击球技术的好坏,并且,它们之间有着密切的内在联系,环环相扣。

(一)站位、准备(判断、选位)

(1)站位:在每一个回合开始,发球员发球后,接发球员在做接发球准备时,都要选择在本方场区或接发球区内合适的位置,以便迅速到位击球。

(2)准备:单打接球的准备姿势(以右手握拍为准)通常应是左脚在前,右脚在后,侧身对网,重心放在前脚上,膝关节微曲,后脚跟稍提起,收腹含胸,注视对方发球的动作。

双打接发球准备姿势与单打基本相同,只是膝关节屈得多一些,以便能直接进行后蹬起跳。也有的接发球准备姿势右脚在前,左脚在后,这种准备姿势仅少数人采用。

(二)判断、起动

在羽毛球比赛中,具有来回多、移动距离短(一般都在 2～3 步之间)的特点,所以双方运动员场上起动速度的快慢,对比赛胜负的影响至关重要。

（1）判断：接球员在站位准备时，应根据对方的战术意图、技术动作特点、比赛场上双方的攻防态势和羽毛球基本球路特征等，在自己每一次将球击出后，做出对对方下一次击球方法和意图的预测，即判断。并依此将自己的注意力和身体位置进行适当的调整，即选位。

（2）起动：羽毛球实战中的起动过程，实际上就是人体对外界刺激的反应过程。反应是速度素质的一种表现形式，是指从给予刺激到开始发生动作之间的瞬间，由感觉时间（接受刺激，也就是在实战中根据视、听觉感知对方击球的动作和路线）、分析综合时间（思维时间）和运动时间（动作开始动时）三方面组成。

正确的判断有利于快速的起动，因为它可以大大地缩短反应的感觉和分析综合时间。但也应该认识到，在羽毛球实战中，判断和反应、起动毕竟是两个既有联系，又不可完全替代的环节。

（三）移动、引拍

（1）移动：是指羽毛球运动中脚步移动的方法。

（2）引拍：是指羽毛球击球动作中整个引拍过程的前期动作，如击球员从中场退到后场击上手高球，他在开始后退的同时，就应该做球拍后举至右肩上方的动作，而不应该待后退到后场时才开始引拍。

（四）到位击球、回动

（1）到位击球：击球员移动到合适的击球位置后，按照自己的战术意图，将球击到对方场区。

在击球环节上首先要体现出到位要早，要尽可能抢在高点位击球、在自己身体的前面击球，以便能根据场上变化和战术要求，通过控制自己的挥拍速度、击中球时握拍的松紧以及变化击球拍面的角度，为能灵活选择和变化击球的方法，发挥自己最大的击球力量，准确地控制和变化击球的弧线、路线和落点，提供有利的条件。

但击球环节的最终目的还是体现在击球的质量上，也就是体现在能否随意而精确地控制击球的速度、路线、弧线和落点，以及能否在同一个击球点上，在保持动作一致的基础上，击出速度、路线、弧线和落点多种变化的球，使对方难以在你出手前做出正确的判断，增大他还击的难度。

（2）回动：是指每次击球以后要回到场地中间的位置，为下一次击球做准备。

二、击球动作的基本结构

为方便羽毛球击球动作的教学，根据羽毛球击球技术的基本规律，将每个击球技术动作，从功能上分解为准备、引拍、挥拍和击球（还原）四个部分。

（一）准备

击球员的基本准备姿势是持拍手放在胸前、肘关节弯曲、球拍头向上，便于接任何位置的来球。双打时，站在网前的球员应把拍子举得更高一些，以便在高处快速封网拦截。任何情况下，握拍手垂在下面都是不可取的。击球时要有很强的迎球意识，尽量快打、高打才能取得主动进攻优势。

（二）引拍

击球员击球的第一步动作是引拍，它为挥拍击球做好前期准备，其动作方向一般与击球挥拍方向相反或不一致。引拍与挥拍两个动作之间可以停顿，羽毛球击球动作的引拍动作是为下一步的挥拍做准备。如后场上手击球动作的引拍动作，身体的右转、侧身对网、肘关节弯曲、肩关节外展等，都是为挥拍加大工作距离。

（三）挥拍

这是击球员击球的发力过程。从引拍动作后，当身体重心向前移动以增加向前的挥拍力量起，即是挥拍动作的开始。当然，羽毛球的击球不是每一次都是动员全身力量来进行的。所以，挥拍时间的开始，是当身体某一部分的动作将要作用在球拍的击球上，即是这一击球挥拍的开始。因此挥拍动作可以从脚部、腰部、肩部开始，但整个挥拍必须是一个连贯、协调的动作过程，才能把所有力量传递到最后的击球上。击球挥拍的鞭击动作是增加挥拍力量的关键。要求击球者在击中球时手臂自然伸直，这是为了争取更高的击球点，取得快速回击和有利于进攻的角度，也是为了发挥更大的击球力量。

（四）击球（还原）

击球者挥拍最终目的体现在击中球的一瞬间，击球者根据战术要求，通过控制挥拍速度、击中球时的握拍松紧和击中球时的拍面角度，使击出的球以各种飞行弧度线落到对方的某个场区。在球拍击中球后，一个击球过程已告结束，击球者必须将持拍手恢复到准备状态，迎接下一个来球。

三、击球动作的基本要领

（一）握拍

正确的、灵活多变的握拍方法，是击球手法的基础，握拍要有利于手腕和手指的发力，能控制击球力量的大小和出球的方向。在击中球前握拍太紧是错误的，它会使前臂肌群紧张、僵硬，极大程度地影响手腕和手指的发力。

（二）击球点

迎击羽毛球，切记不可等球飞进身体再击球，包括：

（1）高打：尽量在高点击球，上手击球时要手臂伸直（有时要跳起击球），击网前球要尽量在网的上端击球。

（2）前打：击球点要在身体的前面，不能让击球点紧靠身体，更不能让击球点在身体后面。击中球的一刹那，是挥拍速度最快的瞬间，击球发力不能太早或太迟，发力时间与击球点的配合至关重要。

（三）动作的协调性

挥拍击球时要做到全身动作的协调配合，不要有多余动作。挥拍动作的协调性，实质上是指挥拍时身体各部分的协调配合，力量的有效传递，它不仅关系到击球的发力大小，也能节省体力。这在一个多拍的回合，或一场长时间的激烈比赛中就显得特别重要。应注意力量传递要连贯且恰倒好处，爆发力要清晰。

（四）拍面的控制

在击中球时，如果拍面不是正击球托，就会损失部分击球力量，这是羽毛球初学者容易发生的通病。拍面的控制决定了击出的球能否贴网而过，能否陡直而下，能否准确地到达预定的落点，这些都是击中球的瞬间由手腕和手指变换拍面来控制的。

（五）击球动作的一致性

为增加击球的战术效果，在后场击高、吊、杀或网前推、扑、搓、勾的引拍动作和挥拍的前期动作相仿或一致，可以使对方难以判断，同时也起到假动作的效果，动作的一致性必须从初学者开始就高度重视。

初学者，甚至一名优秀的羽毛球运动员，总会在击球技术的某些方面存在不同程度的缺陷。

四、羽毛球击球技术名称分类

羽毛球击球技术方法多种多样，球的飞行形式变化万千。通常，可以根据不同的角度加以区分。

（一）以击球点在击球者身体位置的方向区分

（1）正手（正拍）：用持拍手掌心一面的拍面击球，一般用来击打持拍手身体同侧的球。

（2）反手（反拍）：用持拍手手背一面的拍面击球，一般用来击打持拍手身体异侧的球。

（3）头顶球：是指击球者用正拍面还击持拍手身体异侧肩部上方的来球。

（4）上手球：后场击球时，击球点在击球者肩部以上。网前击球时，击球点在球网下沿以上位置。

（5）下手球：后场击球时，击球点在击球者肩部以下。网前击球时，击球点在球网下沿以下位置。

（二）以击球者击球时在场上的位置区分

（1）前场：前发球线附近至球网区域。

（2）后场：从端线至场内约 1 米处。

（3）中场：前、后场区之间的区域。

（4）左、右场区：以场地的中线为界，分为左、右两个场区。

（三）以球的飞行弧线和落点区分（见图 4-1、图 4-2、图 4-3）

（1）高球：从场地一边的后场，以高弧度击到对方场地后场。

（2）平高球：从场地一边的后场，以较低的弧线高度（不让对方中途拦截到）把球击到对方后场。

（3）平射球：从场地一边的后场，以较平的弧度击到对方场地后场。

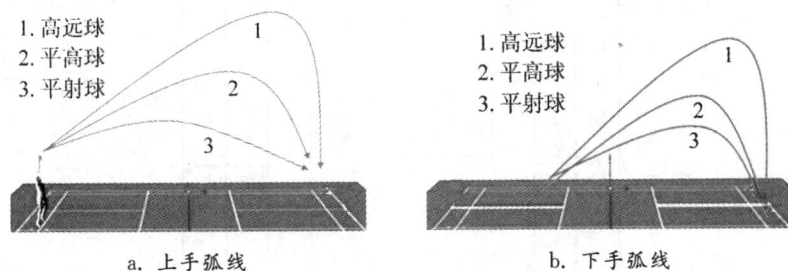

图 4-1　高球、平高球、平射球飞行弧线

（4）平抽挡球：击球点在击球员身体的两侧或近身，把球以与地面平行或稍向下的弧度线击到对方场区，挥拍动作幅度较大的称为抽球，挥拍动作幅度较小的称为挡球。

（5）扣杀球：从场地一边的中、后场，使球快速向下直线飞行到对方场区。

（6）吊球：从场地一边的后场，把球以向下飞行的弧线击到对方近网场区。

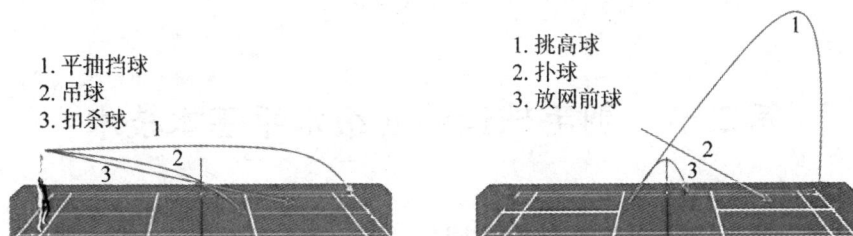

图 4-2　平抽挡球、吊球、扣杀球飞行弧线　　图 4-3　挑高球、扑球、放网前球飞行弧线

（7）挑高球：在前场或中场低于球网处，把球向上以较高的弧度击到对方后场。

（8）放网前球：把球从本方网前击到对方近网区。

（9）搓球：用拍面切击球托，使球带有旋转和翻滚飞行过网。

（10）勾球：在网前把球以对角球路线击到对方网前。

（11）扑球：在近网高处把球以快速直线向下的路线击到对方场区。

（12）推球：在靠近网的三分之一上部，把球以低平的弧线击到对方后场区。

综合以上名称,可以用两个或三个名称组合,来表示某一击球在场上位置和击出球的形式。如正手杀球、头顶吊球、反手扑球、正手推对角、中场正手平抽、后场正手杀球等(见图4-4)。

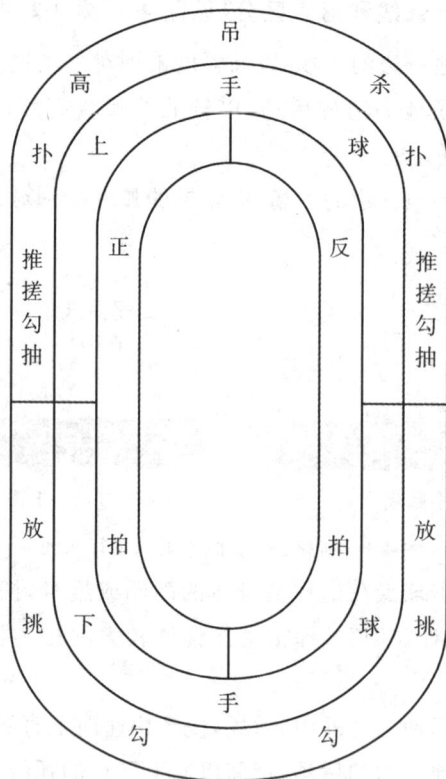

图 4-4　组合动作

第二节　羽毛球运动初级水平基本技术

一、羽毛球运动基本动作及握拍方法

(一) 基本动作

1. 站位

运动员站在羽毛球场上的位置称为站位。站位有两种情况:

> 不受限制的站位可分为:左半区站位、右半区站位、前场站位、中场站位、后场站位。

受限制的站位:如发球、接发球时运动员的站位就必须在规定的区域内(左半区或右半区)。

不受限制的站位:可根据自己或同伴(双打)的需要而选择。如单打站位一般在离前发球线1米左右的中线附近,双打站位可根据双打两个运动员的具体战术需要而选择前后或左右的站位。

2．击球

运动员挥拍时，拍与球接触的一刹那叫做击球。

运动员站在左半区迎击对方来球叫作左半区击球，在右半区的叫作右半区击球，站在前场、中场和后场的击球，则分别叫作前场击球、中场击球和后场击球。

根据来球高度的不同，又可分为上手击球（击球点在肩上）和下手击球（击球点低于肩）。

3．持拍手与非持拍手

持拍手是指正握着球拍的手，非持拍手是指没有握球拍的手。

正手技术是指握拍手同侧的技术；反手技术是指握拍手异侧的技术。如右手握拍的运动员，在击右侧球时所用的技术就称为正手技术，并由此派生出正手发球技术、正手击球技术等技术名称。

在羽毛球运动中，非持拍手主要是在发球时用来持、抛球并在击球过程中用来平衡身体，以便更有效地击球。

4．拍形角度与拍面方向

拍形角度是指球拍面与地面所呈的角度。拍面方向是指球拍的拍面所朝向的位置。

拍面方向：
● 拍面朝左
● 拍面朝右
● 拍面朝前

拍形角度和拍面方向控制的好坏对击球质量的影响是非常大的，所以，在每一次击球中认真调整好拍形、拍面，要击出合乎质量要求的球。

5．击球点

击球点是运动员击球时球拍与球相接触时的空间位置。击球点包括三个方面的内容：

● 拍和球的接触点距地面的高度；
● 拍和球的接触点距身体的前后距离；
● 拍和球的接触点距身体的左右距离。

拍形角度：
● 拍面向下
● 拍面稍前倾
● 拍面前倾
● 拍面垂直
● 拍面后仰
● 拍面稍后仰
● 拍面向上

击球点是否合适决定着击球质量的好坏，它直接影响运动员击球的力量、速度、弧线和落点，最终影响运动员击球的命中率，决定得失成败。因此选择合适的击球点至关重要。

选择合适的击球点应做到如下两点：

● 判断要准，来球落点的判断和身体与落点的空间距离判断。

注意事项：
● 判断准确
● 步法到位

● 步法移动要到位（步法要快）。

只有做到这两点才能调整出最合适的位置，击球点才有保障。

(二) 握拍方法

羽毛球是一项持拍运动,因此,对每个初学者来说,首先要学习和掌握的是握拍技术,握拍正确与否对掌握合理、准确、全面的基本技术至关重要。羽毛球技术非常细腻,握拍法和指法也是多种多样。

基本握拍方法有两种,即正手握拍和反手握拍(本书以右手持拍为例)。对于一名高水平的选手来说,握拍不是一成不变的。在实战中为更好地控制击球力量和球的落点,可调整握拍,但所有这些调整均是建立在正、反手两种基本握拍方法基础之上的。初学者一般都是从掌握基本的正、反手握拍方法开始学习。

1. 正手握拍技术

一切在身体右侧的正手正拍面击球及头顶后场击球都用正手握拍法。

动作要领:握拍前,右手持拍将拍面向右置于体前,使拍面与地面垂直;张开右手,使虎口对准拍柄斜棱的第三条棱线(见图4-5),拇指和食指成"V"字形(近似握手的方法),相对贴握在拍柄两侧的宽面上,中指、无名指和小指自然握住拍柄,五指与拍柄呈斜形。食指与中指稍分开,掌心与拍柄应留有空隙(见图4-6)。握拍后手臂自然前伸时,拍面与地面基本上保持垂直。

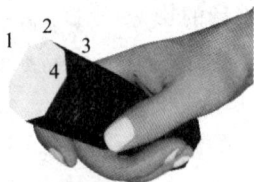

图-5　拍柄端视图几个棱的位置　　图 4-6　掌心与拍柄的空隙

注意事项:

• 在学习正手握拍方法的同时,要学会正确正手击球的发力方法。

• 初学者通常容易将虎口对着拍柄右面的小棱边上,正确的应该是对着左面的小棱边。

• 握拍时拇指和食指要形成 V 字形,不能抓拍。

• 握拍时不要握得太紧或太靠球拍上端,掌心要留有空隙,有利于手腕的活动。

• 握拍的位置可视个人情况而掌握,一般情况下,以拍柄末端靠近手掌的小鱼肌为宜。

2. 反手握拍技术

通常在握拍手身体另一侧的反手反拍面击球时都用反手握拍法。

动作要领:在正手握拍的基础上,将球拍柄稍向外旋,拇指顶贴在拍柄第一斜棱旁的宽面上,也可将大拇指放在第一、二斜棱之间的小窄面上,食指稍向下靠。击球时,靠食指以后的三指紧握拍柄,同时拇指前顶发力击球。为便于发力,掌心与拍柄之间要留有充分的空隙。球拍斜侧向身体左侧,拍面稍后仰(见图 4-7)。一般来说,击身体左侧的来球,先转体(背对网),然后用反手握拍法击球。

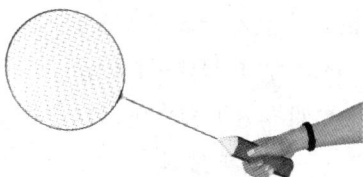

图 4-7　反手握拍

握拍常见的错误:

• 虎口对在第一、第三或第四条斜棱上或者拍柄宽面上。

• 如同握拳头一样地将拍柄紧紧握住。

• 食指按在拍柄宽面的上部,而仅用其余四指攥住球拍。

• 食指过于前伸,直接按在拍柄上部,在击球瞬间难以握紧球拍发力。

• 击球前握拍太紧,掌心与拍柄没有留有空隙,影响握拍的灵活变化和击球瞬间的发力。

注意事项:

• 在学习反手握拍方法的同时,要学会正确反手击球的发力方法。

• 在学会运用手腕、手指发力的同时,重点要学会前臂外旋的发力方法。

• 反手击球时,要及时换成反手握拍法。

• 初学者常会将拇指指尖用力顶在拍柄内侧宽面上,不利于握拍稳定性,影响手腕发力。

• 反手握拍时,拍柄与掌心、小鱼肌之间要留有空隙,这样有利于手腕和手指力量的灵活运用。

• 反手击球时,靠食指以后的三指紧握拍柄,同时拇指前顶发力击球。

二、发球技术

发球是羽毛球重要的基本技术之一,可以通过不同的发球手法,发出不同弧度、不同落点的球来控制对方,为我方创造进攻得分的机会。

> 正手发球可发高远球、平快球、平高球和网前球。反手发球因受挥拍距离较短的限制只能发平高球、平快球和网前球。

发球有正手发球和反手发球两种,可视自己的习惯或战术的需要来选用正手或反手发球。

一般情况下,单打中多采用正手发球,双打、混合双打常用反手发球,不管何种发球方式,其发球前的姿势都是一致的。发球动作协调一致,有突变性,而且落点及弧度要准确多变,这样才能给对方接发球造成判断上的困难。

发球基本规则:

• 发球过程中双脚均不能离开地面或移动。

• 发球时重心前移,后支撑脚跟可随之自然提起,只要脚尖不动,就不属违例。

• 球与拍面接触的瞬间,球与拍面的接触点及整个球拍体均要低于腰部,拍框的最高点不能超过肘部。

- 发球时,只要引拍动作一开始,无论有什么原因,必须连贯完成整个动作。
- 如果引拍动作中出现停顿,然后才向前做击球动作,属于二次发球违例。

(一)正手发球

发球站位:在单打比赛中无论右半场或左半场,发球者应站在紧靠中线且离前发球线1米左右的位置,双打发球站位靠近前发球线位置。

1. 正手发高远球(见图4-8)

正手发后场高远球是用正手握拍法,用正拍面将球击得又高又远,下落时垂直落至端线(底线)附近的一种发球。高远球多用于单打比赛中,它是一项很重要的基本技术,初学者应从学习发高远球开始。

> **注意事项:**
> 在发球的过程中,双脚均不能离开地面或者移动,否则将被判为发球违例。

动作要领:准备姿势时,两脚自然分开,左脚在前,脚尖对网,右脚在后,脚尖稍向右侧,重心放在右脚上;用左手拇指、食指和中指夹持住羽毛球中部,自然抬举于胸前方;右手正手握拍自然屈时举至身体的右后侧,双眼注视对方,呈发球前的准备姿势。

图4-8 正手发高远球

左手放球使其下落,右手持拍臂自下而上沿半弧形做回环引拍动作,同时开始转体,在右臂向前上方挥动的同时,右脚蹬地,腰腹向正前方转动,使下落的球与拍面在身体右侧前下方的交叉点碰触,球触拍面的中上部。击球瞬间,握紧球拍,闪动手腕,向前上方鞭打击球,在击球的同时,手臂随击球后的惯性自然往左肩上方挥起,身体重心也由右脚移至左脚。击球后,重心下沉,微屈双膝,随时准备回击对方的来球。

2. 正手平高球(见图4-9)

正手平高球是用正手握拍法,以正拍面击出飞行弧度较发后场高远球低、速度较高远球快、落点也在底线附近,具有一定攻击性的球。目的同样是迫使对方退至底线接发球,增加接球难度从而限制对手进攻。发平高球时,要注意球飞行的弧线,球飞行的高度以对方跳起无法拦截为佳。

由于球飞行弧度不高,速度相对就快,是单打战术中具有一定进攻性的发球。双打中若与发网前小球配合使用,则可以增加对方接发球的难度。

动作要领:站位、准备姿势、引拍时的动作轨迹与发高远球相同,只是发平高球瞬间,是利用前臂加速带动手腕发力,拍面与地面的夹角小于 45°,拍面稍向前上方推进击球,动作幅度小于发高远球;发球后,迅速准备回击。

图 4-9　正手平高球

3. **正手平快球**(见图 4-10)

比平高球的弧线还要低、速度还要快。击出的球贴网而过,具有一定的突然性。由于速度极快,故突击性很强,

是单、双打中发球抢攻战术常用的一种发球,在比赛中对站位较前,动作幅度较大的对手采用发平快球有较好的效果。

动作要领:准备姿势见前述。站位稍靠后些(以防对手迅速回球到本方后场),在击球前的瞬间,在前臂的快速带动下,靠手腕和手指突然向前发力将球击出。击球时,拍面稍微后仰(球拍面与地面形成的仰角一般在 110°左右),在不"过腰"、"过手"的限度内尽量提高击球点。击球后,收拍到胸前回动至中心位置。

图 4-10　正手平快球

（二）发球技术的练习步骤

（1）学习正手发后场高远球时，依照先分解后连贯、从简单到复杂的顺序，按照技术动作的要领做挥拍练习，直至熟练。

（2）用绳拴住球，选择适当的高度将球固定吊好，反复做发球动作练习，体会球与拍之间的距离感以及前臂内旋带动手腕由伸腕到展腕的发力过程。

（3）持拍面对墙壁做发球练习，在做该项练习时，既要照顾到击球的准确性，同时还要兼顾到击球动作的正确性。

（4）在场地上练习发球，重点注意发球的落点。

（5）按照以上练习步骤，做其他各种发球的练习，注意各种发球动作的一致性和落点的多样性。

（三）发球的练习方法

（1）徒手进行分解、完整挥拍练习。练习时，可用网球拍代替，这样既可以练习动作又可以增强手臂力量。

（2）反复做发球练习，体会球与球拍的接触点。

（3）在对方场区划定区域，要求将球发入区域内，区域可由大逐渐缩小，提高发球的准确性。

（4）发网前球时，可安排一人在对方场区做扑球练习，这样可以提高发球质量。

三、后场击球

后场击球技术主要有击高球、吊球和杀球（见图 4-11）。各技术动作根据击球的力量、拍面的角度、球飞行的弧线而定。击高球又分为高远、平高球

浙江籍部分羽毛球世界冠军：

叶钊颖　王晓园　陈　刚　桑　洋　夏煊泽

和平快球，是后场进攻的有效技术之一；吊球根据其动作方法以及球的飞行弧线的不同可分为轻吊、拦吊、劈吊；杀球又可分为大力扣杀、轻杀、点杀、劈杀、突击杀球；每一项击球技术又可由正手、头顶和反手三种击球姿势完成。

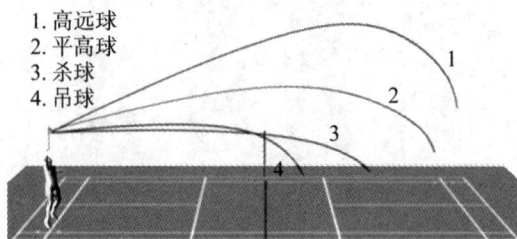

1. 高远球
2. 平高球
3. 杀球
4. 吊球

图 4-11　后场击球

（一）正手击高远球

动作要领：准备姿势是左脚在前，右脚在后；首先要准确地判断出来球的方向和落点，迅速移动到位，使下落的球处于右肩的前上方，同时，侧身左肩对网，重心在右脚上，右臂屈肘自然举拍于右肩上方，上前臂之间夹角为 45°左右，左手自然高举，保持平衡，双眼注视来球方向（见图 4-12）。当球下落到合理的击球高度时，右脚蹬地转髋，同时右臂以肩关节为轴，向前转动成肘关节朝前并高于肩部，拍头向下，球拍贴背与地面垂直，放松握拍。然后在蹬地、转体收腹的协调用力下，大臂带动小臂向前上方甩腕，在手臂伸直的最高点上击球，击球时身体重心向上。手臂顺惯性将球拍挥至腋下并收拍至体前。同时重心顺势向前，右脚自然向前跨出，成准备姿势。

图 4-12　正手击高远球

1. 常见错误

• 侧身不够，重心位置不合理，用力不协调。

• 击球点低，准备不充分，击球时以肘关节为轴或向下拉臂，击球力量不够，击球不到位。

• 击球点偏后，没有移动至球下落位置就开始侧身，造成击不准或击不到球。

• 击球时拍型不正确，击球点偏前，拍面没有正对前方。

• 握拍过紧，动作僵硬，手腕动作不灵活，用力不协调。

2. 练习方法

• 按正确的动作要领，先做正手击高远球的分解练习；然后逐渐过渡到完整击球动作练习。

• 注意侧身要充分，转体收腹动作要连贯协调，手臂要伸到最高点击球。

• 侧身练习，蹬地——启动——转髋——举臂引拍。

• 连续击打前上方挂的羽毛球，在最高点接触羽毛球。

• 两人连续击高远球。

（二）后场正手吊球

后场的高球，用轻劈、轻切或轻击到对方前场区域的球称为吊球（见图4-13）。吊球的前期动作与击高远球相同，但落点比较近网，可以起到迷惑对方的作用。与其他后场技术结合运用，能拉大对方防守的范围，以争取场上的主动权。

动作要领：准备姿势时引拍动作及击球后的动作均与后场正手击高远球相同。击球前向右转身，侧身对网，左脚在前，右脚在后，重心放在右脚上。抬肘举拍，肩部放松，右肘稍低于左肘。左手肘部稍大于90°，右手肘部稍小于90°。击球前，右脚向前蹬地，同时转体引拍。重心从右脚向左脚过渡，身体从侧身对网转为正对球网。转身和抬肘

> 注意事项：
>
> 后场吊直线球时，拍面的"包切"动作要小一些，击球瞬间以斜拍面击球托后部右侧偏中的位置，并向前下方击球；
>
> 后场吊斜线球时，拍面的"包切"动作要大一些，向前下方侧击球托右侧或左侧位置。击吊球的准备动作、引拍动作必须同击高远球一致。

同时进行，转体后肘部向前，球拍后引至身体后侧。击球动作是前臂快速挥拍到头顶上方时，用斜拍面向前切击，并向前下方压手腕击球。击球瞬间用斜拍面切击球头的右外侧。击球后，动作自然放松，球拍向身体左下方减速放下，并立即收回到胸前，呈准备击球状态。

图4-13　后场正手吊球

正手吊直线时，拍面正对来球，利用手指、手腕和前臂旋内的动作，挥拍轻击球托的后部或侧后部。

吊对角线时，则用手指、手腕的力量，朝左前下方挥拍切击来球右侧部的羽毛和球托。

1. 常见错误

• 击球时有意降低击球点，导致对方识破的己方吊球意图。

• 采用竖直或上仰拍面击球，没有切削下压击球动作。

• 动作僵硬，不能有效利用手腕、手指的协调用力动作。

2. 练习方法

• 徒手反复挥拍练习，巩固动作。

- 两人一组,一人发高远球,一人原地吊球练习。
- 在原地多球吊球的基础上进行两人吊、挑球连续练习。
- 后场两点交替吊球,区分两种不同的吊球拍面角度。
- 两点直线高球、斜线吊球组合练习。
- 两人一组,击打直线高球,吊斜线,两点交替练习。

四、前场技术

前场技术包括网前的放、搓、推、勾、扑、挑球等(见图 4-14)。其中搓、推、勾、扑属进攻技术,要求击球前期动作有一致性,击球刹那间产生突变。握拍要活,动作细腻,手腕、手指要灵巧,以控制好球的落点。网前进攻威胁较大,因球飞行距离短,落地快,常使对手措手不及而直接得分。即使不能直接得分,也能迫使对方被动回球,创造下一拍进攻的机会。

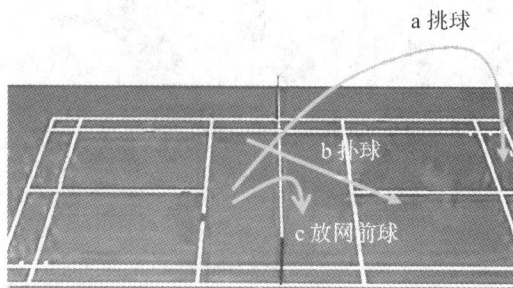

图 4-14　前场技术

前场技术的动作小,所需力量也较小,特别要以巧取胜。首先要以快速、合理的上网步法为基础,只有快速到位,争取从网的较高部位击球,才能给对方更大的威胁。

(一) 挑球

挑球是将对方击来的吊球或网前球,挑高回到对方后场区域的击球技术。挑球是一种被动回击的方法,其特点是飞行弧线高,时间长,距离远。能为己方赢得时间调整好状态,准备下一次还击的机会,挑球按其技术可分为正手挑球和反手挑球两种。

1. 正手挑球(见图 4-15)

动作要领:正手握拍举在胸前,右脚向来球方向跨出一步,成右弓箭步,右脚尖正对来球方向。前臂充分前伸并旋外,手腕尽量后伸使球拍后引,采用正手握拍法。击球时,主要利用前臂旋内、屈腕和手指的力量,

图 4-15　正手挑球

在身体右侧前下方,向右前至左上方挥拍击球托底部,将球向前上方击出。击球后,右脚稍内扣蹬地回收,球拍收回至胸前还原成准备姿势。

2. 反手挑球(见图4-16)

动作要领:反手握拍举在胸前,右脚向左前方跨出一大步,重心放在右脚上。同时右肩对网,屈肘引拍至左肩旁。击球时,肘关节上抬高于球拍,球拍经体前由下往上,用拇指的指腹压住拍柄内侧的宽面,用力将球击出。击球后,还原成准备姿势。

> 注意事项:
>
> 要根据球离网的远近,灵活调整拍面角度和用力方向;
>
> 要保持好前臂与手腕的一致性,充分发挥向上方挑球的爆发力。

图 4-16　反手挑球

3. 易犯错误

• 手腕与手指运用不当,用力过猛或拍面控制不好。击出球离网太高,太远或落网。

• 站位离网过近,妨碍击球动作;击球前肘关节过直。

• 左脚在前,右脚在后,而不是正确地向前跨出右脚挑球。在正手挑球时,往往更容易出现。

• 球拍后引动作过大,主要用肩关节发力,犹如打网球时的抽球,不但击球没有速度,而且也影响动作的一致性。

• 击球点偏后或太靠近身体。正确的挑球击球点应在自己身体的外侧偏前的位置。

• 击球瞬间没有根据不同的击球点高度和还击的飞行弧线,控制好击球拍面用力的方向。如来球离网较远或击球点较高时,拍面可稍后仰向前上方挑球;如来球较近网或击球点较低时,拍面应充分后仰接近向上,而且在击球时要用力向上挥拍多一些,以避免球下网。

(二)放网前球

将对方击来的网前球,以正(反)手握拍法,用球拍轻轻切、托球,将球向上弹起恰好一过网就朝下坠落,称为放网前球。通常在不能及时移动到较高位置上击球而使用,高质量的放网技术可变被动为主动,使对方处于被动状态。放网前球按其技术可分为正手、反手放网前球两种。

1. **正手放网前球**(见图 4-17)

动作要领:侧身向球的方向移动,上身稍前倾,右手握拍于体前;右脚向右侧前方大跨一步成弓步,正手握拍,球拍向右前上方斜举。击球时,右臂自然后伸,手腕稍后伸,小臂稍外旋,手腕由后伸至稍内收转动,右手轻松握拍,食指和拇指夹住球拍,在手腕和手指的控制下,轻击球托底部将球轻送过网。击球后,还原成击球前准备姿势。

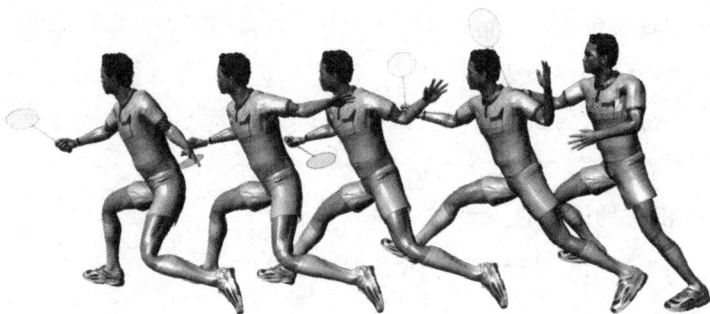

图 4-17　正手放网前球

2. **反手放网前球**(见图 4-18)

动作要领:击球前动作方法与正手放网相同,不同的是先向左前方转体,右肩对网,反手握拍,反拍迎球。击球时,前臂前伸、外旋,手腕内收至外展,轻击球托底部把球轻送过网,击球后,还原成准备姿势。

> **注意事项:**
> 控制好击球的力量,力量过大,容易造成球过网太高被对方扑杀。

图 4-18　反手放网前球

3. **易犯错误**

• 跨步时不能形成弓箭步,导致身体重心上移,击球点过高。

• 身体不能保持平衡,重心不稳,击球动作不协调,造成击球用力过大。

五、基本步法

步法是羽毛球的一项很重要的基本技术。击球技术是靠熟练、快速、准确的步伐移动来完成的。不掌握正确的步法,就会影响各种击球手法的学习和掌握,没有到位的步法,就会使手法失去应有的积极作用。初学者在学习手上技术之前,应先学习脚下的移动步法。

羽毛球步法是由垫步、交叉步、小碎步、并步、蹬转步、蹬跨步、腾跳步等组成。在通常情况下,每一种步法的移动都是从球场中心位置开始的(以下步法介绍均以右手握拍为例)。

羽毛球步法根据用途可分为上网步法、后退步法和两侧移动步法。根据运动员在场上的位置和来球的距离,可采用一步到位击球或两步、三步移动到位击球。右手持拍者到位击球时的最后一步,一般都是右脚在前,左脚处于靠近中心的位置。

(一) 步法的四个技术环节

羽毛球步法由起动、移动、到位击球和回动四个环节构成。

1. 起动

对来球应有反应判断,从个人中心位置上准备接球姿势转为向击球位置出发,称为起动。要做到起动快,必须反应敏捷、判断准确和起动的准备姿势正确,准备姿势可分为两种:

一种是接发球姿势(按规则要求站立)、左脚在前,右脚在后,侧身对网,重心在前脚,右脚跟离地,双膝微屈,收腹含胸,放松提拍屈举在胸前,两眼注视对方发球动作。

另一种是双方双打过程中的准备姿势,一般右脚在前,左脚在后,脚前掌着地,脚跟提起,膝关节微屈,上体稍前倾,重心落在两脚之间,持拍于腹前,整个姿势要协调放松,保持一触即发的起动姿态。起动来自判断和反应。在起动这一环节中,除了抓好反应速度练习外,同时要提高判断能力。

2. 移动

移动主要是指从起动后到击球位置的移动方法,运动员在场上的速度快慢,很大程度表现在移动上。移动的基本步法有垫步、交叉步、小碎步、并步、蹬转步、蹬跨步和腾跳步等。运用这些方法,构成了从起动位置到场区不同位置击球的组合步法、后退步法、两侧移动步法和上网步法等。自中心位置到击球点的步数,一般用一步、两步或三步,根据当时球离身体的远近来决定。影响移动速度的因素有步数的多少、步频的快慢和步幅的大小。

3. 到位击球

在击球时,不单是上肢挥拍击球,而且需要下肢配合共同发力来完成动作,这是步法结构中的关键部分。如果动作别扭,是不可能击出速度快、落点准的球的。因此要求动作准确、合理、协调，给人一种轻松自如的感觉。移动是有目的，它是为击球服务的。"步法到位"，是指根据不同的击球方式，运动员需要移动到适合这种击球的最有利位置上，如果没有占据最理想的位置。最后（击球前）还需要做小步调整，使击球动作能协调发力。

4. 回动

击球后，应尽力保持（或尽快恢复）身体平衡，并即刻向中心位置移动，以便在中心位置上做好迎击下一个来球的准备，称为回动。初学者往往缺乏"回中心"的意识，哪里打完球就停在哪里，这是必须改正的，但回动不是盲目地向场地中心位置跑。随着比赛经验的积累，运动员逐渐体会到并非每击一次球都必须回中心位置，而应根据比赛当时的实际情况，根据双方技、战术的特点，选择最利于回击对方来球的回动路线和回动位置。

（二）步法取位

为掌握好击球步法，我们在练习时可将场地划分为不同的区域，以便于合理地选择步法（见图 4-19）。通常可把场地分为前场网前区域（右侧为 1 号、左侧为 2 号）、中场区域（右侧为 3 号、左侧为 4 号）和后场区域（右侧为 5 号、左侧为 6 号）。中心点是场区的中心位置，一般情况下为击球前所处的位置。

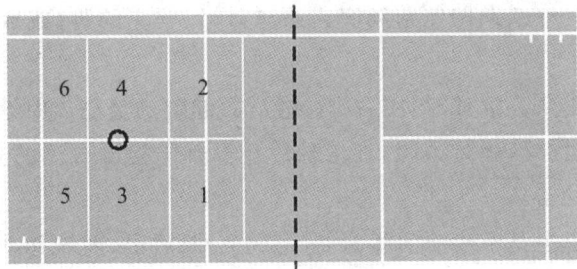

图 4-19　步法取位

1. 羽毛球场地区域的划分

在击球时应根据不同的来球采用不同的步法，1 号位的来球应该采用前场网前正手上网步法。2 号位来球要采用前场网前反手上网步法。3 号位来球要采用中场正手接杀步法。4 号位来球要采用中场反手接杀步法。5、6 号位的来球分别采用后场正手后退步法、后场头顶后退步法或后场反手后退步法。

2. 需要不同步数的区域

视对方来球距离的远近，前场、中场和后场等各项步法可选用一步、两步或三步移动步法到位击球。如图 4-20 所示，中圈内，只需原地击球或移动一步击球。若击球点在中圈与外圈之间，则需要移动两步击球。若击球点在外圈之外，就要移动三步击球了。对步幅小的运动员来讲，则需要增加步数，以争取到位击球。

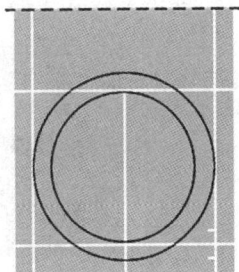

图 4-20　不同步数区域

3. 常用的步法

• 垫步：当右(左)脚向前(后)迈出一步后，接着一脚向同一方向再迈一步，为垫步，垫步一般作为调整步距用。

• 并步：右脚向前(或向后)移动一步时，左脚即刻向右脚跟并一步，紧接着右脚再向前(向后)移动一步，称为并步。这种步法较多地运用在上网、接杀球和正手后退突击扣杀时。

• 交叉步：左右脚交替向前、向侧或向后移动为交叉步。这种步法的步幅较大，移动中身体重心比较稳定。经另一脚前面超越的为前交叉步，经另一脚后面超越的为后交叉步。交叉步一般在后退打后场球时用得较多。

• 小碎步：以小的交叉步移动的称为小碎步。由于步幅小，步频快，一般在起动或回动起始时用。

• 蹬转步：以一脚为轴，另一脚做向后或向前蹬转迈步。

• 蹬跨步：在移动的最后一步，左脚用力向后蹬的同时，右脚向来球的方向跨出一大步，称为蹬跨步。它多用于上网击球，在向后场底线两角移动抽球时也常采用。

• 腾跳步：起跳腾空击球的步法为腾跳步。它可分为两种：

一是上网扑球或向两侧移动突击杀球时，以领先的脚(或双脚)起跳，做扑球或突击杀球。

二是对方击来高远球时，用右脚(或双脚)起跳到最高点时杀球。使用这种步法，要求协调性好，弹跳力强，在击球后还要善于控制自己的身体重心，以便连贯好下一拍的击球。

在掌握了以上基本步法的基础上，组成上网、后退、两侧移动和起跳腾空等综合步法。

(三) 上网步法

上网步法是指从场地中央位置向网前移动的步法。实践中常运用跨步、垫步、蹬步，但不论采用哪种步法上网，其站位及准备姿势都是相同的。即从中心位置开始，两脚左右开立或前后开立，与肩同宽，上体稍前倾，后脚脚跟提起，以便随时调整身体重心。右手持拍于体前，两眼注视来球。

1. 蹬步(见图 4-21)

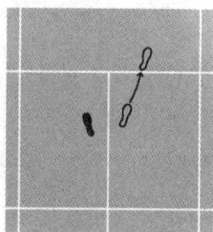

a.右侧蹬步上网步法   b.左侧蹬步上网步法

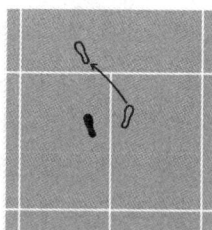

图 4-21 蹬步

起动后,两脚向上轻跳将重心移至左脚,同时左脚用力蹬地,右脚向来球方向迈出一大步,使身体迅速接近来球,在空中完成击球动作后,右脚先着地,左脚紧跟着地,并迅速制动身体,返回到场地中心。蹬步一般在球离网较近,争取高点击球时采用。

2. 跨步(见图 4-22)

起动后,两脚向上轻跳重心移至右脚,左脚迅速蹬地向来球方向迈出一步。当左脚着地的同时用力蹬地,使右脚加速蹬地向前跨出一大步成弓箭步,上体前倾。击球后,右脚蹬地用交叉步或并步回到中心位置。

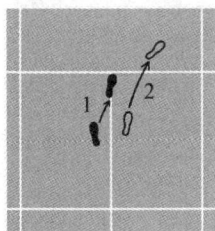

a.右侧跨步上网步法　　　　　b.左侧跨步上网步法

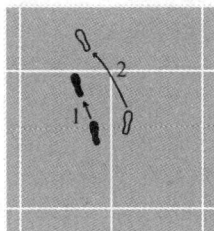

图 4-22　跨步

3. 垫步(见图 4-23)

起动后,两脚向上轻跳重心移至左脚,右脚向来球方向迈一小步,然后左脚迅速跟上并用力蹬地使右脚迅速向来球方向再跨出一大步成弓箭步,身体重心在前脚,着地后制动,身体重心在两脚之间。

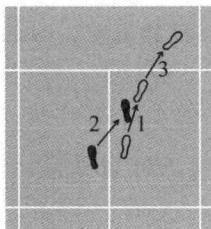

a.右侧垫步上网步法　　　　　b.左侧垫步上网步法

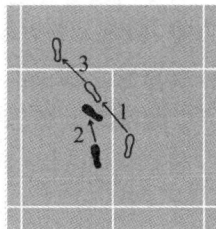

图 4-23　垫步

4. 前交叉加蹬跨步上网步法(见图 4-24)

起动后,右脚先向球的方向垫一步,左脚再迈一步,紧接着左脚后蹬,侧身将右脚向球的方向跨一大步,到位击球。

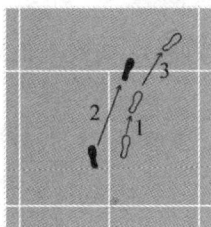

a.右侧前交叉加蹬跨步上网步法　　　　b.左侧前交叉加蹬跨步上网步法

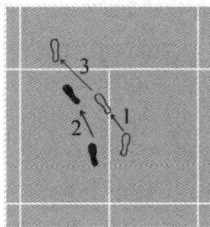

图 4-24　前交叉加蹬跨步上网步法

5. 后交叉加蹬跨步上网步法（见图4-25）

起动后，右脚先向球的方向垫一步，接着，左脚向右脚后交叉一步，左脚着地后马上用力后蹬，侧身将右脚向球的方向跨一大步，到位击球。

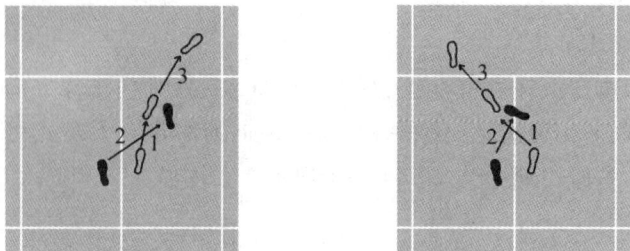

a. 右侧后交叉加蹬跨步上网步法　　　　b. 左侧后交叉步加蹬跨步上网步法

图 4-25　后交叉加蹬跨步上网步法

6. 蹬跳步上网步法

这是一种特殊的上网步法，当对方回击网前球过高时，为争取速度，上网扑球常常使用这种步法。这种步法，省略了上网步法中的移动过程。从起动开始，身体前倾，双脚向网前方向起跳。击球后，腾空的身体下降，双脚几乎同时落地（右脚稍先落地），然后两脚调整身体重心，恢复正常姿势。要注意防止因前冲力过大而触网或过中线犯规。

7. 注意事项

完成击球动作时的姿势，是上网步法中较复杂的一环，因为不仅要承担人体前冲的缓冲力量，同时又要顾及手上的击球质量和击球后的迅速回动。所有上网步法均要注意做到下列要求：

（1）什么位置做蹬跨为好，要看球的位置而定。

• 一般应以最后一步跨出后，侧身对网，自然伸直手臂让拍子能打到球为宜。

• 太远打不到球，太近会妨碍击球动作，且延长了回动距离。

（2）最后的蹬跨步右脚在前。

• 步幅较大，着地点超越膝关节，重心在右脚上，脚尖外展。

• 右脚应以脚跟外侧沿先着地，然后过渡到脚掌，并用脚趾制动，不使身体再前冲。

• 右臂前伸击球时，左臂自然张开。

• 击球后，立即右脚回蹬，如果最后跨步步幅很大，左脚自然跟随前移一些，以便回动。

（3）放网前球、挑球一般采取低重心姿势。搓球、推球、勾球时身体较直，重心较高。扑球时往往需要向上方蹬跳。

（4）上网最后一步步幅要跨大，必须注意：

• 左脚用力向前蹬的同时，应向前送髋，以增大跨步的距离。

• 向前跨出的右腿,在送髋和左脚发出蹬力的同时,应向上抬右腿。

（5）右脚落地是缓冲和回动的关键,要做到动作协调、制动快。

┌─────────────┐
│ 提醒: │
│ 击球后,尽快回位。 │
└─────────────┘

（6）完成跨步和制动后(右膝弯曲不能超过脚尖),回动时注意:

• 身体重心适当放在右脚上。

• 左腿向右腿稍微跟进以分担右脚承受的重量,协助右脚从弓箭步姿势恢复直立。

• 再以并步或交叉步退回到中心位置。

（四）退后场步法

从中心位置后退到底线的步法称退后场步法,后退步法是最常见的,也是难度较大的步法动作。特别是向左后场后退,对人的协调性和灵活性要求较高。后退步法分为正手、反手后退步法两种。

1. 正手后退步法

正手后退步法有三种,即交叉步、并步和跨步后退步法。

（1）侧身后退一步(见图 4-26)

起动后,以左脚前掌为轴,右脚往右后侧蹬转后退一步,并带动髋部右后转,重心移到右脚上(右脚脚尖朝右侧,左脚脚尖也顺势略转向右),成侧身对网姿势。此时可做原地击球或起跳击球。

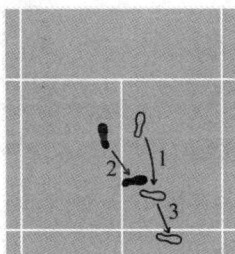

（2）正手跨步退后场步法(见图 4-27)

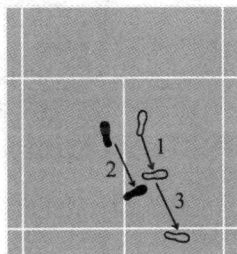

正手低手击球时多采用此步法,当球向后场飞去,而又来不及用上手技术击球时,两脚向上轻弹,重心移至右脚,右脚用力蹬地,迅速向右转体,紧接着右脚向来球方向迈一步,着地时左脚迅速经右脚外侧(体前,体后均可)着地,然后右脚向来球方向再跨一步,随着右脚着地的瞬间出手击球。

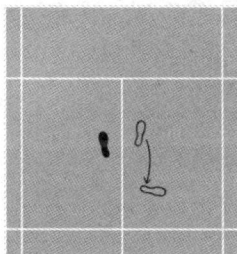

图 4-26　侧身后退一步　　　图4-27　正手跨步退后场步法　　　图4-28　交叉步后退步法

（3）交叉步后退步法(见图 4-28)

这种步法的移动范围很大,一般回击端线附近的球多用交叉步后退步法。起动后,两脚向上轻跳将重心移至右脚,以左脚为轴,右脚往来球方向蹬转后退一步,身体右转,重心移至右脚上,同时左脚经体后交叉移至右脚的外侧,紧接着右脚迅速向后再退一步,成侧身对网姿势。此时,可以原地击球,也可以起跳击球。

2. 头顶后退步法

头顶后退步法是羽毛球步法中一个难度较大的动作,对身体协调性和柔韧性要求很高。一般是在当球飞向左后场区用头顶击球技术还击时用。它包括并步和交叉步及头顶侧身步加跳步后退步法。

注意事项:

上体和髋部侧转要快,右脚快速后退至左脚的后方横侧位;

蹬跳方向应向左后方跳起,使上体向后仰;

左脚在空中作交叉后撤的动作要大,左脚的落地点超过身体重心之后;

上体要用力收腹,重心迅速移至右脚,左脚迅速回动。

（1）头顶并步后退步法（见图4-29）

起动后,以左脚前掌为轴,髋关节及上体在快速向右后方转动的同时右脚向右后蹬转后撤一步（蹬转角度应较大）,左脚用并步靠近右脚,紧接着右脚再向左后场退一步（重心落在右脚上）,左脚跟进一小步,成为上体后仰侧面对网的姿势。做原地或起跳头顶击球。击球后,利用着地后身体的缓冲向中心位置回动。

（2）头顶交叉步后退步法（见图4-30）

起动后,以左脚前掌为轴,髋关节及上体在快速向右后方转动的同时右脚向右后蹬转后撤一步（蹬转角度应较大）,左脚向身后交叉后退一步,右脚再向左后场退一步（重心落在右脚上）,左脚跟进,成上体后仰侧面对网的姿势。做原地或起跳头顶击球。如果向左后上方起跳,在挥拍击球的同时,必须在空中做左脚后摆,右脚前跨的两脚交换动作,左脚在身后先着地,上体前压,紧接着右脚在体前着地缓冲,向中心位置回动。

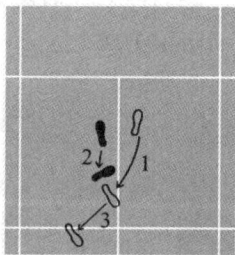

图 4-29 头顶并步后退步法   图 4-30 头顶交叉步后退步法

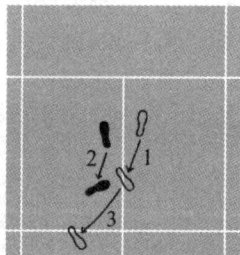

（3）头顶侧身步加跳步后退步法

这是一种快速突击抢攻打法的后退步法。起动后,以左脚前掌为轴,髋关节及上体在快速向右后方转动的同时右脚向右后蹬转后撤一步,紧接着右脚向后方蹬地跳起,上身后仰,角度较大,并在凌空中完成击球动作。此时,左脚在空中做一个交叉动作后先落地,上体收腹使右脚着地时重心落在右脚上,便于左脚迅速回动。

3. 反手后退步法

(1) 一步反手击球步法(见图 4-31)

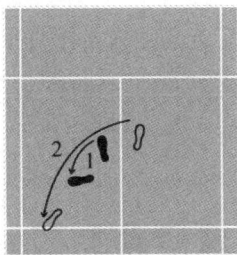

起动后,以左脚前掌为轴,右脚向左后方蹬转使身体转向左后方,同时,右脚经左脚向左后场跨出一步(重心移到右脚)成背对球网姿势(在移动过程中,由正手握拍法换成反手握拍法),右脚跨步着地时发力反手击球。击球后,右脚往右后方蹬转,身体随即转成面对球网,回中心位置。

(2) 两步后退步法(见图 4-32)

一般在球离身体较近时采用。判断准来球后,两脚向上轻跳,重心调至右脚,右脚蹬地后,左脚迅速向来球方向后辙一步,上体左转,同时右脚迅速经体前向来球方向跨一步背对网,移动到反手位置,右脚着地时,挥拍击球。

(3) 多步后退步法(见图 4-33)

一般在球离身体较远时采用。当判断来球是后场反手位,两脚向上轻跳,重心调至右脚。右脚蹬地转成背对网,同时经体前向来球方向跨出。紧接着左脚向前移动一步,同时右脚也向前跨一步,着地时,挥拍击球。

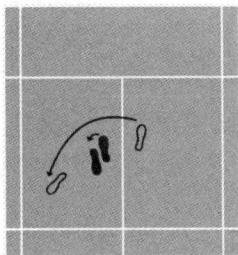

图 4-31　一步反手击球步法　　图 4-32　两步后退步法　　图 4-33　多步后退步法

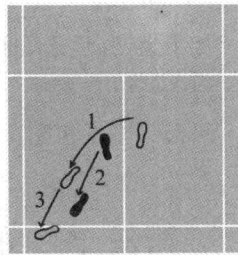

(五) 步法常见错误及纠正方法

1. 移动判断错误

球的落点在后场却往前场移动,球的落点在网前却往后场移动。来球在左(右)方却向右(左)方移动。

纠正方法:主要因判断错误造成的,应多进行教学比赛,提高对假动作及出球路线的判断能力。

2. 反应和移动慢

纠正方法:

• 通过多球练习(或按手势指令)做反应起动练习。

• 通过跳绳,跳石级,跳沙地等练习增强踝关节和下肢的力量。

• 反复练习各种步法,形成一定的条件反射。

3. 步法与击球动作配合不好,不协调

纠正方法:

• 最后一步要做到正确。

- 上网时,最后一步右脚在前,重心在右脚上,步幅要大。
- 后退时,最后一步右脚在后,重心在右脚上。
- 向右侧移动时,右脚在前,重心在右脚上。
- 向左侧移动时,可视情况做左脚在前或右脚在前,中心应在前面一只脚上。

4. 未养成及时回中心位置的习惯

纠正方法:

- 依手势的指令,在羽毛球场上反复做起动、到位挥拍"击球"、回动的练习。
- 进行耐力与速度耐力的训练,以加强移动能力。

(六)注意事项与步法练习

1. 注意事项

- 加强判断球落点的能力培养,步法移动快速到位,有充足的时间做完成击球动作。
- 学会如何控制身体重心,以免造成步法与击球动作配合不协调。
- 增强击打球后及时返回中心位置的意识。

2. 练习方法

- 徒手上网、后退、两侧移动的单组动作练习。
- 两人一组互相配合的指挥移动和多球练习。
- 两人一组互相配合的全场综合步法练习。

第三节　羽毛球运动初级水平基本战术

一、羽毛球运动战术

羽毛球战术,是指运动员在比赛中为表现出高超的竞技水平和战胜对手而采取的计谋和行动。

(一)羽毛球运动的战术目的

1. 调动对方位置

对方一般站在场地中心位置,全面照顾各个角落,以便回击各种来球。如果将他调离中心位置,他的场区就会出现空当,这一空当就是进攻的目标。

2. 迫使对方击出中后场高球

以平高球、劈杀、劈吊或网前搓球等技术造成对方还击困难,迫使对方击来的高球不能到达自己场区的底线,以增加自己大力扣杀和网前扑杀的威力,给对方以致命的一击。

3. 使对方重心失去控制

利用重复球或假动作打乱对方的步法和节奏,使对方重心失去控制,来不及还击或延误击球时间而回球质量差,造成被动。

4．消耗对方体力

控制球的落点，最大限度地利用整个场地，把球击到场地的四个角区域或离对手最远的区域，使对手在每一次回球时尽量消耗体力。在争夺每一球的得失时，要以多拍调动对手，让对手多跑动，当对手体力不支时，再行进取。

（二）我国羽毛球运动战术指导思想

以我为主、以快为主、以攻为主是我国羽毛球运动战术的指导思想。

（1）以我为主：即不要脱离自己的技术、身体条件、身体素质、心理素质和打法特点等去选择战术。

（2）以快为主：即在战术的变化和转换上，要体现"快"的特点。如发现对方技战术的优、缺点后，改变战术要快、要及时；由攻转守、由守转攻或由过渡转为进攻、由进攻转为过渡的速度要快，要抓住有利时机迅速转换。

（3）以攻为主：即在制定战术时，要强调进攻的主导思想。在防守时也要强调积极防守。

（三）技术风格

我国羽毛球运动的技术风格是"快速、凶狠、准确、灵活"。对技术的要求是"快"字当头，基本技术全面、熟练、特长突出，进攻点多，封网积极，杀劈凶狠，防守刁稳，以攻为主，能攻善守，达到全面结合，正确运用。

（1）快速：判断快、反应快、起动快、回动快，步法移动快，抢位快，击球点高，完成击球动作快，突击进攻快，守中反攻快。

（2）凶狠：进攻凌厉，球路变化多。落点刁，抓住有利战机突击，连续进攻或一拍解决战斗。

（3）准确：在快速多变中抓准战机，掌握技术准确并运用自如，落点准。

（4）灵活：握拍活，站位活，步法活，战术变化活。

> 发球抢攻战术目的：
>
> 一是为了配合发前场区球抢攻；
>
> 二是让对手进行盲目进攻或在我方判断的范围之中进攻，使发球方能从防守快速转入进攻；
>
> 三是造成对方由于失去控制而直接失误。

二、单打进攻战术

单打进攻战术有发球抢攻战术和接发球抢攻战术两种。

（一）发球抢攻战术

以发网前球或平快球为主，限制对方进攻，迫使对方出高球。然后运用杀球和吊球攻击对方的弱点或空档。发球抢攻战术主要用于对付防守技能较差或后场进攻技能相对较强的对手，从而为自己创造更多的进攻机会。落点示意见图4-34。

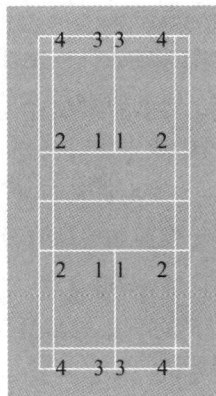

图4-34　落点

1. 发平高球抢攻战术

发平高球不受对方干扰,只要在规则允许的范围内,发球者以任何方式发到对方接球区的任何一点。采用变化多端的发球战术,常常能起到先发制人、取得主动的作用。

在采用发球战术时,眼睛不要只看自己的球和球拍,应用余光注视对方,找出薄弱环节。发各种球的准备姿势和动作要注意一致性,给对方的判断带来困难。发球后应立即把球拍举至胸前,根据情况调整自己的位置,两脚开立(稍有前后),身体重心在两脚间来回摆动,眼睛紧盯对方,观察对方的任何变化,积极准备还击(见图 4-35)。

发平高球抢攻战术和发前场区抢攻战术的不同点在于,发前场区抢攻可直接抓住战机进行抢攻,而发平高球抢攻则要通过守中反攻的手段才能获得抢攻的机会。

> 发平高球战术目的:
>
> 一是为了配合发前场区球抢攻;
>
> 二是让对手进行盲目进攻或在我方判断的范围之中进攻,使发球方能从防守快速转入进攻;
>
> 三是造成对方由于失去控制而直接失误。

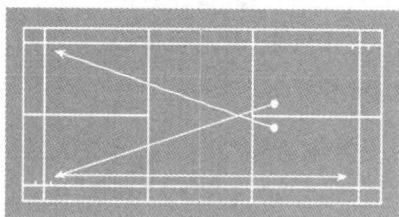

图 4-35　发平高球落点区域

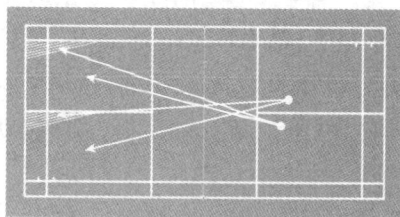

图 4-36　发平快球落点区域

2. 发平快球(见图 4-36)

发平快球和网前球配合,争取创造第三拍的主动进攻机会,组成发球抢攻的战术。发平快球属于进攻性的发球,球速快,作为突袭手段,往往能取得主动。但当接球方有所准备时,也能半途拦截,以快制快,发球方反会处于被动。发平快球时球的落点一般应在对方反手区,或直接对准发球者的身体。

> 发平快球战术目的:
>
> 一是为了偷袭,如对方反应慢,或站位偏边线,3 号区空隙大时,偷袭 3 号区成功率可能性大;
>
> 二是为了逼对方进行平抽快打的打法;
>
> 三是为了把对方逼至后场区而造成网前区的空隙。

3. 发前场区抢攻(见图 4-37)

发前场区球有发 1 号区球,1、2 号之间区球,发追身球。发前场区球在一般情况下要以发 1、2 号区之间的球和追身球为主,这样比较稳妥,不至于造成失误。发前场区球能减少对方将球下压的机会,

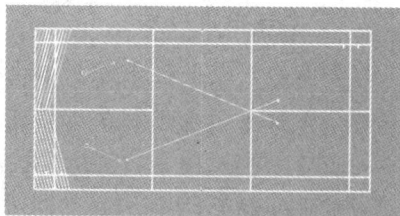

图 4-37　发前场区落点区域

发球后立即进行互相抢攻的局面。把球发到1号位，球飞行的路线较短，容易封住对方攻击自己后场的角度。发2号位能起到调离对方中心位置的作用。特别是在右场区发2号位，能使对方反手区出现大片空当。但对方也能以直线推平球攻击发球者的后场反手，如果预先提防，可用头顶球还击。发网前球可以用发追身球战术，造成对方被动。当然，发网前球时配合发底线球才能有较好的效果。

4. 运用发球抢攻战术应注意的问题

• 发球抢攻中若判断不准确，应力争把球回击到对方的后场，转入防守；

发前场区球战术目的：

一是为了限制对方马上进行攻击；

二是准确判断对方的回击球路，从而组织和发动快速强有力的抢攻，达到直接得分或获得第二次攻击机会。

• 对方站位偏前或进攻性弱，可发平高球；

• 对方站位偏后，可发前场区球；

• 对方站位偏边线，可发平射球偷袭对方3号区；

• 对方反应慢，可发平射球；

• 对方接发前场区球习惯放网前球，可发前场区球后快速上网抢攻；

• 对方站位适宜，但心情急躁，可佯作发前场区球姿势，击球瞬间改发平高球等。

(二) 接发球抢攻战术

接发球虽然处于被动、等待的状态，但由于发球受到规则的限则，只能发到对角的接发球区域，而接发球者可以还击到对方整个场区。所以，接发球者若能处理好第一拍，也可取得主动权。

(1) 接发高远球、平高球：一般可用平高球、吊球或杀球还击，但对方发球后站位适中，进攻时要注意落点的准确性。若用杀球、吊球还击，自己的速度要跟得上；如果对方发球质量很好就不能盲目重杀，可用高远球、平高球还击，伺机再攻；或用轻杀、劈吊下压先抑制对方。

(2) 接发网前球：可用平推球、放网前球或挑高球还击。但对方发球过网较高时，要抢先上网扑杀；接发网前球的击球点应尽量抢高点。

(3) 接发平快球：要观察对方的发球意图，随时做好准备。借用对方的发球力量快杀空档或追身球都能奏效，也可借助反弹力拦吊对角网前。

(4) 接发球抢攻战术的应变：

接发球抢攻战术是接发球战术中最有威胁的一种战术。如：发高球时落点不到位；发前场区球过网时过高；发平射球时速度不快，角度不佳；发平高球时节奏、落点、弧度不佳等都会给接发球抢攻造成机会。

抢攻战术大多数由两三拍抢攻球路的组织才能奏效，所以一旦发动抢攻就要加快速度，扩大控制面，抓住对方的弱点或习惯路线一攻到底，完成组合的抢攻战术。

第四节　羽毛球运动基本技术练习方法

一、正手握拍练习方法

（一）握拍技术练习方法

（1）让握拍手自由转动拍柄后，按照正确的技术动作要领，用肉眼观察，由握拍手独立调整完成正手握拍动作或反手握拍动作。

（2）通过反复练习，逐渐过渡到不用肉眼观察，全凭手上的感觉便可完成正确握拍。

（3）在实战中，视来球的各种不同角度和方向，握拍手可自如地选择正手或反手握拍法击球，握拍力度应适宜。

（4）徒手挥拍练习：徒手做正手击球或反手击球的挥拍动作，要求做好相应的正手握拍动作与反手握拍动作的转换。

（5）持拍颠球练习：练习者用正手或反手握拍法持拍在身前，拍面对准球托底部，向上击球。

（二）练习步骤

（1）原地正、反持拍颠球。要求次数越多越好，力量由轻到重，高度由低到高，逐步学会控制拍面方向，尽量在原地颠球。

> 练习要求：
> 正确使用正、反手握拍动作，手指、手腕在击球前放松，击球一刹那握紧，注意拍面方向，击球托的下部。

（2）正、反手交换颠球。在练习者正、反手握拍动作比较熟练以后，要求练习者持拍颠球时正、反手交替使用，注意两种握拍动作的转换，击球次数越多越好。

（3）行进间持拍颠球。在比较熟练原地颠球的基础上，练习者向前行进颠球。可先采用一种握拍动作进行，逐步过渡到交替使用正、反手握拍动作。要求练习者手指、手腕放松，控制拍面方向，熟悉球感。

（4）行进间持拍颠球穿越障碍。在行进间持拍颠球的基础上，让练习者越过障碍物，如钻过球网，但不得停止颠球，保持练习的连续性。要求练习者更好地控制拍面，同时在越过球网时，适当加大击球力量，保证练习者有足够的时间钻过球网，继续击球。

（三）对墙击球练习

持拍于身前，两膝稍弯曲，连续从稍右侧下方用正手或从稍左侧下方用反手向前上方的墙上击球。

二、基本步法练习方法

(一) 分解步法练习

把羽毛球场上的综合步法分解成单一运动方向的步法进行训练的练习,称为分解练习法。主要包括正、反手上网步法练习,正、反手接杀步法练习,正手后退击球步法练习,头顶后退击球步法练习,前后场连贯步法练习和后场反拍击球步法练习。

(二) 结合击球动作进行步法练习

1. 固定移动路线的步法练习

主要是在固定的移动路线上,熟悉各个单个步法的跑动路线。例如,从中心位置开始,先后退至正手底线,然后回中心,再上右网前,再回中心位置,如此循环练习。

2. 不固定移动路线的步法练习

在较熟练地掌握了向各个固定方向的移动步法之后,就可以进行不固定方向的全场移动练习了。由一人指挥,练习者跟着指挥者的手势进行全场综合步法练习。在进行不固定移动路线法练习时应注意:不论是自练还是按场外指导指示练习,都要避免惯性机械地移动步子,而应多做一些无规律的重复跑动,这样才能与实战结合起来。

3. 回击多球步法练习

陪练者将多球先后发往练习者的前后左右场区,迫使练习者运用各自步法移动去迎击来球。此练习方法既可以练习步法,又可以练习手法,练习密度大,实际效果好。

(三) 综合练习

把两个或两个以上的单一基本技术(包括手法和步法)结合起来进行练

> 意识好,应变强,才能掌握主动!

习称为综合练习。这种练习方法的特点是通过一定的套路配合,把手法与步法、进攻与防守等技术在前场和后场有机地结合在一起,从而提高基本技术在比赛中的实效性。初学者在较熟练地掌握各个基本技术之后进行综合练习,可以较快地提高技术水平。

进行综合练习时最初应将移动路线和击球落点固定下来,以便掌握综合技术,然后再过渡到不固定移动路线和击球落点上的练习。

1. 吊球上网

即一人固定在网前放网前球和挑高球,另一人先后退底线吊网前球,再移动上网放网前球再后退,如此反复练习。还可以左右变化路线等。

2. 杀球上网

即甲方发球,乙方后退杀球,甲方接杀球放网前球,乙方上网挑高球,甲方后退回高远球,乙方再杀球,如此反复练习。以后再增加路线上的变化,如左右场区等。

3. 攻守综合练习

利用场地的半边,甲方以高远球、平高球、杀球或吊球来进攻乙方,乙方则主要以高远球和挡球、放网前球来防守。这样,乙方为甲方提供了进攻的机会,而乙方也能在对方的进攻下进行各种防守的练习。

4. 二打一练习

即一边场地由两人同时进攻或同时防守,另一边场地由一个人进攻或防守。这样可以提高一个人的进攻和防守的能力。总之,基本技术的练习方法很多,以上方法主要起举一反三的作用。初学者在练习时,应根据具体情况,循序渐进,合理地安排自身的练习。另外,有条件者可经常观摩技术水平较高的运动员的训练和比赛,对提高自身的水平有潜移默化的作用。

三、发球技术练习方法

(一)正手发高远球练习方法

1. 徒手挥拍练习

练习者左肩侧对前方,两脚分开,与肩同宽,左脚在前,脚尖向前,右脚在后,脚尖稍向右侧,重心放在右脚上。准备发球时,右手持拍向右后侧举起,肘部微屈,左手虚拟持球,举在腹部右前方。练习时,左手先放球,在左手放开球时,右手上臂带动前臂,自右后方随转体向左前方挥拍,重心同时前移;当球拍挥

> 练习目的:
>
> 熟悉挥拍轨迹,掌握正确的发球动作;
>
> 体会手臂的内旋和手腕的屈伸,掌握正确的发力动作;
>
> 掌握动作节奏,调节肌肉的紧张度,提高动作协调性。

至右前下方球的下落处时,前臂由下向前上方挥动并急速内旋,带动手腕由伸展至微屈,闪动手腕,握紧球拍击球;击球后持拍臂随动作惯性自然向左上方挥动。

练习要求:

• 采用正手握拍动作,准备姿势要做好;

• 练习过程中要注意动作节奏,掌握发力的时间,注意前臂的旋转发力;

• 练习时可先分解练习,再完整练习。

2. 击固定球练习

将一只羽毛球用绳子吊起来,球的高度离地面 30～40 厘米,练习者站在球的左后方,保持练习者的球拍在右前下方可击中球。练习者用正确的发球动作挥拍,击球后继续做随挥动作。

> 练习目的:
>
> 形成良好的转体、重心前移、挥拍动作,体会击球点的位置;
>
> 体会正确的前臂旋内、手腕屈伸的发力动作。

练习要求：

- 练习者用眼球余光看球，自然挥拍，不要故意地击球；
- 手臂自然伸直，不要提肩、曲肘；
- 注意击中球时的拍面方向。

3. 完整发球练习

站在发球线后约 1 米处，发球场区中线附近，运用正确的正手发高远球动作，向对角线场区发球。

> 练习目的：
> 正确掌握正手发高远球动作技术；
> 并逐步控制发球的落点。

练习要求：

- 掌握正确的发球动作；
- 在发好球的基础上，提高发球质量，控制球的落点。

（二）正手发网前球练习方法

1. 轻击球练习

在正手发高远球的动作基础上，减小挥拍的动作幅度，主要靠前臂和手腕带动挥拍，击球力量减弱，球击出后，控制拍子的继续挥动。

> 练习目的：
> 逐步体会发近网球的发力动作；
> 降低球的飞行弧线。

练习要求：

- 击球时，握拍仍保持放松，利用手腕和手指的力量击球；
- 不要用拍子的正面击球，而是让拍面从右向左斜切击球，使球刚好越网而过。

2. 限高、限远发球练习

在球网上方 30 厘米处拉一条标志线，在对方前发球线后 50~60 厘米处也放一条标志线，要求练习者将球发在指定的范围内。

> 练习目的：
> 掌握正确的发网前球技术；
> 提高发球的质量。

练习要求：

- 用符合规则要求的技术动作发球；
- 尽量降低球的飞行弧线；
- 使球贴网而过并落在对方发球区内。

四、后场击球

（一）击高远球技术练习方法

1. 徒手练习步骤

（1）击球前准备姿势练习。练习者侧身对网，左脚在前，右脚在后，重心在右脚上，左臂自然上举（成手指球动作），抬头稍后仰，右手正手握拍于右侧，上臂与右侧身体和前臂的夹角各为 45°。

（2）原地做腰绕环。双臂自然上举,右手正手握拍随腰向右后、左前绕环,当右臂绕至左肩上方时,前臂由外旋改成内旋,手腕内收带动球拍做头顶挥拍动作。

练习目的:

掌握正确的击球准备姿势;

体会引拍的动作轨迹,形成正确的挥拍和发力动作。

（3）右臂平举于右侧,前臂与上臂的夹角成90°,以肘为轴,前臂做内旋至外旋的前后摆动,类似鞭打动作。

（4）上臂上举贴近耳朵,肘朝前,前臂后伸;当前臂向上提拉时,在右肩上方做内旋和外旋动作。

（5）完整挥拍动作练习:准备姿势、引拍、击球、随挥动作。

练习要求:

• 按动作要领分步练习,特别要重视击球前的准备姿势,不要没有准备直接击球;

• 眼睛要盯着球,不要看其他地方;

• 击球要从开始就形成正确的发力动作,即前臂的旋转发力,不要用拍子垂直向前发力。

2.击固定球练习

用线将球吊在练习者右肩正上方,高度以练习者伸直手臂球拍能击到球为准;练习者按动作要领挥拍击球。

练习目的:

让练习者掌握击球点位置,纠正手臂没有充分伸直、击球点偏低的错误;

体会前臂由外旋到内旋的发力击球动作。

练习要求:

• 练习者一定要伸直手臂,在最高点击球;

• 以肩为轴,通过大臂带动前臂,最后"闪"动手腕击球;眼睛注视球。

3.击固定线路球练习

由教师给练习者"喂球",让球落在练习者的右上方或正上方,练习者正手击直线或对角线高远球。

练习目的:

提高练习者对球下落的判断力,在原地或通过简单地移动来完成击球动作,掌握正确的击球动作和击球点;

从击直线到对角线高远球,掌握击球时球拍的拍面方向和击球力量,提高击球质量。

练习要求:

• 练习者移动到球的正下方或左下方,运用正确的击球动作击球;

• 击球前要侧身做好准备动作,两臂自然上举;

• 击球时要通过蹬地、转体收腹的协调用力完成动作。

4.多球练习

练习者基本掌握击高远球动作后,可由教师发各位置的高球或平高球,结合步法移动,要求练习者回击成高远球到对方后场。

练习要求：

- 根据来球的变化,迅速做出判断,并快速移动,争取在最高点击到球；
- 同时要注意击球的角度、力量。

(二)吊球技术练习方法

1. 徒手挥拍动作练习

练习者侧身对网,采用击高远球的准备姿势；挥拍时前期引拍动作也同击高远球,在击球前一瞬间,前臂突然减速,用手腕的闪动向前向下轻轻挥动,拍面正对或侧切向前下方。

> 注意掌握击球的角度、力量和路线！
> 提高练习者的判断和快速移动能力。
> 练习过程中,要求树立"四位"意识。

练习要求：

- 从准备到引拍,动作同击高远球,以增加吊球的隐蔽性；
- 挥拍的用力方向要向前下方,手指、手腕要放松。

2. 击中后场半高球练习

教师发出中后场半高球或高球,练习者轻吊直线球或斜线球。

> 练习目的：
> 掌握吊球的动作要领,体会动作的发力方法。

练习要求：

- 根据球的落点进行移动,将最佳击球点放在练习者的前上方；
- 尽量在高点吊球,以使球尽量贴近球网下落；
- 用手指、手腕控制击球瞬间的拍面方向,取得不同的吊球线路。

3. 多球吊球练习

同高远球多球练习。

五、前场技术

(一)挑高球技术练习方法

1. 原地向上挑高球练习

练习者在原地用正、反手垂直向上挑高球。

> 练习目的：
> 体会挑球的发力方法,提高挑球的力量。

练习要求：在胸腹前挑球；控制拍面方向,尽可能向上挑高,增强爆发力。

2. 两人一吊一挑练习

练习者分立球网两侧,一人吊网前球,另一人挑高球。

> 练习目的：
> 掌握挑高球的动作要领,提高控制球的能力。

练习要求：吊球者可先将球的落点控制在距网较远的位置,逐步贴近球网；挑球者根据球的落点,调整击球的角度,并逐步击出不同线路的球。

（二）放网前球技术练习方法

1. 持拍颠球练习

练习者持拍，用搓球动作在体前颠球。

练习要求：手指、手腕放松，掌心空开。颠球过程中，不要求高度，但要求将球搓切得翻转。

> 练习目的：
> 体会搓球动作中手指、手腕的发力动作，提高手指、手腕控制球的能力。

2. 网前搓球多球练习

练习者持拍站在网前，由教练抛球至网前，练习者分别用各种技术进行练习。

> 练习目的：
> 巩固掌握搓球、推球、勾球动作。

练习要求：手指、手腕放松，注意击球部位和拍面方向；击球点尽量靠近网口，提高击球质量。

第五节　大学羽毛球初级水平考试内容与评分方法

我们根据实际教学内容，制定部分项目的考试内容与标准，供教师参考。

一、制定体育术课考试内容和评分方法的依据与方法

羽毛球项目虽然是一种易于掌握的全身运动，但真正要打好羽毛球需要运动员在场上能够在短时间内对瞬息万变的球路做出正确的判断，果断进行反击，所以良好的身体素质和规范的技术动作就显得尤为重要。如何更好地了解羽毛球初学者的掌握情况，就需要对其进行理论知识、基本技术动作和身体素质的全面考查，这也是初学者的考试内容。为什么还要对初学者进行专项理论知识测验？常言道：我们知其然，更要知其所以然。只有掌握了一定的基础理论知识，努力做到理论与实践相结合，才能更好地促进初学者学习专项技术，同时对羽毛球项目也能够有一个更全面的了解。

考查方法：对于基础理论知识将从试题库中抽取部分试题，以闭卷形式进行，所占比分为 30 分；对于基本技术动作，我们采用一定的规则对测试者逐一进行评价，具体的方法将在下面讲到，所占分值为 40 分；对于身体素质，我们也采用一定的规则对相关项目进行逐一测试，所占分值为 30 分。最后以总成绩进行评价，86 分以上为优秀；70～85 分为良好；60～69 为及格；60 分以下为不及格。

二、大学羽毛球初级水平专项身体素质考试内容与评分方法

（一）折返跑

在相距 4 米的两平行线上各放置 4 个羽毛球（球间距 1 米），学生由站立式

起跑开始横向折返左、右手交替逐个球碰触,躯干到达终点时停表,依据计取的时间进行评分。

(二) 2 分钟跳绳

在规定时间内,采用双脚并跳的形式进行连续跳绳,依据个数进行评分。具体如表 4-1 所示。

表 4-1　身体素质考试内容与评分方法

项目 \ 分值	15	13	12	11	10	9	7	5	3	1
折返跑(秒)	17.5	18	18.5	19	19.5	20	20.5	21	21.5	22
2 分钟跳绳(个)	330	320	310	300	290	280	270	260	250	240

三、大学羽毛球初级水平个人专项技术考试内容与评分方法

(一) 颠球数

要求正拍面和反拍面交替颠球,颠球动作协调。

(二) 发高远球

连续发高远球 10 次(左右区各 5 次),落点在端线与双打后发球线前 50 厘米之间区域,累计有效次数(见图 4-38)。

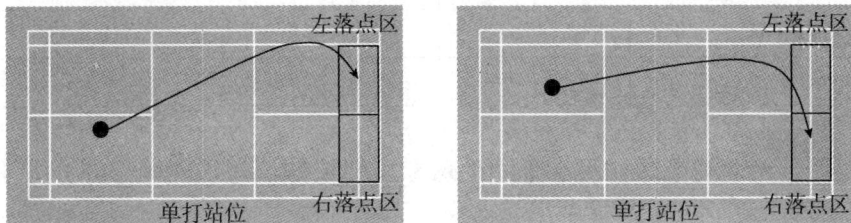

4-38　发高远球

(三) 后场击高远球

教师站在后场发球,学生站在教师对面的中场回击 10 次高远球至对面端线与双打后发球线前 50 厘米之间区域,累计有效次数(见图 4-39)。

(四) 后场正手吊球

由教师发球,学生在中后场吊球 10 次,要求球落在前发球线以内,累计有效次数(见图 4-40)。

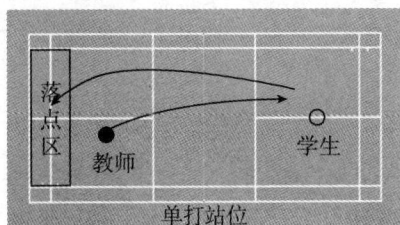

4-39　后场击高远球

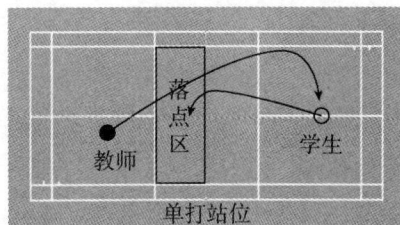

4-40　后场正手吊球

（五）放网前球

教师发球，学生站在教师对面的中场回击 10 次放网球至对面发球线以内，累计有效次数（见图 4-41）。

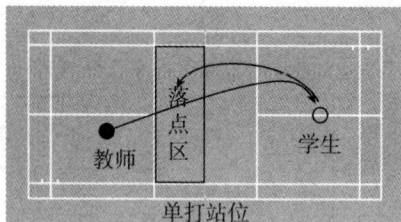

4-41　放网前球

具体考试内容与评分方法如表 4-2 所示。

表 4-2　个人专项技术考试内容与评分方法

项目 ＼ 分值	10	9	8	7	6	5	4	2
颠球数（个）	30	25	20	15	10	8	6	5
发高远球（个）	8	7	6	5	4	3	2	1
击高远球（个）	8	7	6	5	4	3	2	1
放网前球（个）	7	6	5	4	3	—	2	1
吊球（个）	7	6	5	4	3	—	2	1

四、大学羽毛球初级水平羽毛球专项理论知识考试内容与评分方法

体育理论：分专项理论和基础理论，由题库抽取，闭卷考试。

思考题

1. 羽毛球握拍的要点是什么？
2. 简述我国羽毛球运动的技术风格。
3. 发球的基本规则有哪些？
4. 羽毛球的战术目的是什么？

第五章　大学羽毛球中级水平教学指南

◎本章导读 ⋯⋯⋯⋯⋯⋯⋯⋯⋯⋯⋯⋯⋯⋯⋯⋯⋯⋯⋯⋯⋯⋯⋯⋯⋯⋯⋯⋯⋯

全面、正确、合理、熟练地掌握羽毛球运动的基本技术是提高运动技术水平的基础和关键。羽毛球运动的基本技术是该项运动的主体。严格来说，羽毛球运动的基本技术主要由上肢的基本手法和下肢的基本步法两大部分组成。上肢的基本手法又由握拍、发球和击球三个部分组成，下肢的基本步法则由基本站位、前场上网、中场左右步法和后场后退步法组成。在羽毛球运动中，上下肢的基本技术既相互独立、各成一体，又缺一不可，共同构成一个完整的有机体。只有把上肢的基本技术和下肢的基本步法最佳结合起来的球员才能称为优秀球员。

第一节　羽毛球中级水平技术与练习方法

一、羽毛球基本站位及反手握拍

（一）羽毛球的基本站位

运动员站在羽毛球场上的位置称为站位。站位有两种情况：

一种是受限制的站位。如：发球、接发球时运动员的站位，就必须按要求站在规定的区域内（左半区或右半区）。

另一种是不受限制的站位，可根据自己或同伴（双打）的需要而选择的站位。如：单打的站位一般在离前发球线1米左右的中线附近，双打站位可根据双打两个运动员的具体战术需要而选择前后或左右的站位。

根据以上对羽毛球场地的划分，又可把不受限制的站位具体分为：左半区站位、右半区站位、前场站位、中场站位和后场站位。

1. 单打站位

单打站位于发球线1.5米处。在右发球区要站在靠近中线的位置；在左发球区则站在中间位置。主要是防备对方直接进攻反手部位。一般左脚在前，右脚在后，双膝微屈，收腹含胸，身体重心放在前脚，后脚脚跟稍抬起。身体左肩侧向球网，球拍举在身前，注意力集中，两眼注视对方（见图5-1）。

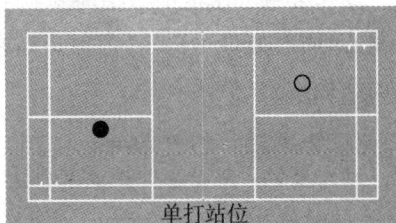

图5-1　单打站位

2. 双打站位

由于双打发球区比单打发球区短0.76米，发高远球容易被对方扣杀，所以双打发球多以发网前球为主。接发球时要站在靠近前发球线的地方，接发球的准备姿势同单打基本相同，略有区别的是身体前倾较大，身体重心可以随意放在任何一脚，球拍举得高些，在球来到网上最高

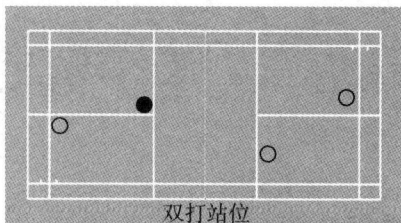

双打站位

图 5-2 双打站位

点击球，争取主动。但要注意右场区对方发平快球突袭反手部位（见图 5-2）。

（二）反手握拍方法

用握拍手手背同一个朝向的拍面击球叫反手击球，反手击球时的握拍方法为反手握拍法。反手握拍法也是握拍的基本技术之一，同样也有一些灵活的变化以应对不同的技术要求。主要有三种：反手基本握拍法、反手网前搓球握拍法及反手勾对角握拍法。具体方法是在正手握拍的基础上，拇指和食指将拍柄稍向外转，拇指自然贴在拍柄内侧的宽面上，中指、无名指和小指并拢握住拍柄，柄端靠近小指根部，使掌心留出间隙，有利于击球发力。

1. 反手基本握拍法

动作要领：反手的基本握拍姿势是在正手握拍的基础上把球拍框向外转，在右手持拍的情况下就是向右转，拇指前内侧顶在球拍内侧的宽面上，或者是拇指前内侧贴在拍柄的窄棱上。食指向其余三指并拢，掌心和拍柄间留一定的空隙，以方便手腕和手指的发力（见图 5-3）。

图 5-3 反手基本握拍

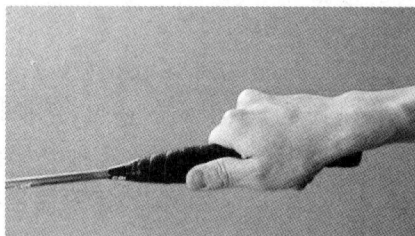

图 5-4 反手网前搓球握拍

2. 反手网前搓球握拍法

动作要领：在正手握拍的基础上，拇指、食指、中指和无名指稍松开，拍柄离开掌心，同时使球拍向内转，拇指贴在拍柄内侧的上棱上，食指第三关节贴在外侧的下棱边上（见图 5-4）。

3. 反手勾对角握拍法

动作要领：在正手握拍的基础上，拇指、食指、中指和无名指稍松开，拍柄离开掌心，同时使球拍向内转动，拇指第二关节的内侧贴在拍柄的上棱上，食指第二关节贴在拍柄的上宽面上，其余三指自然抓在下中宽面和拍柄内侧的宽面上。

注意事项：

• 握拍的关键是一要放松；二要灵活。

• 握拍要放松：握拍时，几个手指要自然地分开握住球拍柄，掌心也不要紧贴于柄上，应保持一定的间隙。这样就比较轻松自然，打起球来，才能运用自如，潇洒灵活。

• 握拍要灵活：握拍时，不要使劲握紧球拍柄，否则击球时难以发力，限制技术水平的发挥。

二、反手发球技术

反手发球技术是在身体的左前方用反拍面击球的一种发球方式。同正手发球技术一样，用反手同样能发出各种不同弧度的球；与正手发球有所不同的是，反手发球时动作的力臂距离相对较小，发球时对球的控制力更强，加之反手发球动作更具隐蔽性、一致性和突然性，在比赛中被广泛采用。在实战中，发球方根据双方战术的特点和需要，常以反手发网前球、后场平高球、后场平快球为主。

（一）反手发网前球

反手发网前球是用反手握拍，以反拍面击出与正手发网前球飞行弧度一样的一种发球（见图5-5）。

动作要领：站位接近前发球线，右脚在前，重心在右脚，左脚跟提起，持拍

注意事项：

球拍触球时，拍面呈切削式击球。

用手指、手腕控制力量，球飞行的弧度高度以略高于网为最好。

手采用反手握拍法持拍于腹前，屈肘，手腕前屈，左手拇指与食指、中指捏住球的羽毛斜放在球拍前面。

图5-5　反手发网前球

将球拍稍向后（自己的腹部）摆动至一定的距离。前臂向前上方推送，同时，带动手腕由屈到微伸而向前摆动，利用拇指力量向前推顶球拍，用球拍对球托做横切推送，使球贴网而过，正好落在对方前发球线附近的发球区内。

（二）反手发平高球

用反手握拍，以反拍面击出同正手发后场平高球飞行弧度一样的球，称为反手发后场平高球。

动作要领：两脚前后站立，侧身对网，右脚在前，左脚在后，上体自然伸直，中心放在右脚，右脚尖面对发球网，左手持球，右手握拍，肘微屈略抬，使球拍框向下、拍面稍后仰，眼睛注视对方接球方向。发球时，主要以前臂带动手腕从左下向右上方快速挥拍，在拍将要触球时，左手自然放球。在拍面与地面成 120°～130°夹角时，用反拍面将球击出。平高球关键在于掌握击球时的角度，以免球高缺乏攻击力，太低则易遭受对方拦截。

（三）反手发平快球

动作要领：反手发平快球的准备动作与反手发网前球相同，区别在于击球时拍面与地面形成的仰角，一般应在 110°左右，击球力的方向应更平直一些。

发平快球的战术效果在于快速和突然性。它的技术关键是：发球姿势要与发其他球的姿势保持一致，不使对方预见发球意图；要有较强的手腕爆发力，否则击球速度慢，容易受攻击。

（四）练习方法

（1）应依照先分解后连贯，从简单到复杂的顺序，按照技术动作的要领做挥拍练习，直至熟练。

（2）用细绳拴住球固定悬挂在一定的高度，反复做发球动作练习，体会球与拍之间的距离感及前臂内旋带动手腕由伸腕到展腕的发力过程。

（3）持拍对墙壁做发球练习，在做该项练习时，既要照顾到击球的准确性，同时还要兼顾动作的正确性。

三、杀　球

杀球是将对方击来的球在尽量高的击球点上斜压下去。这种球力量大、弧线直、落地快，给对方的威胁很大，它是进攻的主要技术。一般是看准来球，用力向前下方重击、重切或重"点"击球。杀球分为正手杀直线球和对角线球，正手突击杀直线球和反手杀直线球，头顶杀直线和对角线球。

（一）正手杀直线球（见图 5-6）

动作要领：准备姿势和击球动作大体与正手击高远球一样。步子到位后屈膝下降重心，准备起跳。侧身起跳时，往右上方提肩带动上臂和球拍上举，以便向上伸展身体。起跳后，身体后仰挺胸成反弓形。接着右上臂往右后上摆起，前臂自然后摆，手腕后伸，前臂带动球拍由上往后下挥动，握拍要松。随后凌

图 5-6　正手杀直线球

空转体收腹带动右上臂往右上摆起,肘部领先,前臂全速往前上挥动,带动球拍高速前挥。当击球点在肩的前上方时,前臂内旋,腕前屈微收,闪腕发力杀球,这时手指要突然抓紧拍柄,把手腕的爆发力集中到击球点上。球拍和击球方向水平面夹角小于90°,拍面正面击球托的后部,使球直线下行。杀球后,前臂随惯性往体前收。在回位过程中将球拍回收至胸前。

(二)正手杀对角线球

动作要领:动作要领和准备姿势与正手杀直线球相同,不同点是起跳后身体向左前方转动用力,协助手臂向对角方向击球。至于长杀、短杀等,这就要靠手腕和手指控制拍面、倾斜角度、用力方向和大小来决定。

(三)正手突击杀直线球(见图5-7)

动作要领:侧身,右脚后退一步准备起跳。起跳后身体向右后方腾起,上身右后仰或反弓形,右臂右上抬肩尽量后拉。击球时,前臂全速往上摆起,手腕从后伸,经前臂内旋至屈收,同时握紧球拍压腕产生爆发力,高速向前下击球。突击杀球后,右脚在右侧着地屈膝缓冲,重心在右脚前;右脚在左侧前着地,利用左脚蹬地向中心位置回动,手臂随惯性自然往体前回收。

图 5-7 正手突击杀直线球

(四)头顶杀直线球和对角线球(见图5-8)

动作要领:首先判断准确对方来球的方向和落点,然后迅速将身体转向后方。头顶杀直线球的准备姿势与头顶击高远球相同,不同点是挥拍击球时,要靠腰腹带动大臂,协调小臂、手腕的综合力量形成鞭击动作,全力往前下方击球,球拍面和击球方向水平面的夹角小于90°。

图 5-8 头顶杀直线球和对角线球

头顶杀对角线球的动作方法基本同头顶杀直线球,只是击球时全力向对角线方向击球才行。

右上臂向上抬,球拍由右绕过头顶,击球点应选择在头顶上方的部位。击球时,前臂向前上方由内旋带动手腕突然回收发力挥拍形成鞭打,要集中全力直线方向下压,球拍面和击球方向水平面的夹角小于 90°击球过网。击球后,小臂内旋较明显,惯性作用小,手臂自然往前摆动。

> **提示:**
>
> 杀球前切记一定要手腕放松,然后用脚蹬地,使力量从脚下传到手腕。
>
> 杀球的目的不仅仅是为了直接得分,有时是为得分创造机会,如果太执着于一味的杀球进攻,往往会造成无谓的失误。

(五)练习方法

(1)按动作要领进行反复的挥拍练习,以巩固动作。

(2)通过向前下方用力投掷羽毛球,体会动作要领。

(3)两人一组隔网站立,一人发中场高球,一人做跳起杀球练习。

> **注意事项:**
>
> 准确预测杀球点,没有准确的击球点就打不出有威力的球。
>
> 击球时,肩部、肘部和腕部不要有多余的动作,将全身的力量作用在击球动作上。
>
> 要保持较高的击球点。
>
> 提前挥拍或挥拍过急容易出现失误。

(4)采用多球定位变向的杀球练习,体会正确的动作和准确的落点。

(5)做变方向的定位正手杀球练习,过程中注意动作的准确性,并把握好杀球时机。

(6)加强身体素质练习,注重下肢和腰腹力量的提高,以提高杀球的"点",从而增加杀球质量。

四、接杀球

接杀球是指把对方扣杀过来的球还击回去,一般多采用挡球、抽球和推球技术。接杀球是防守技术,但只要反应快、判断准、手法娴熟、回球的落点和线路运用得当,在防守中就能创造由守转攻的条件。准备击球前,屈膝平行站立,两脚稍宽于肩,两眼注视来球。当来球过网,右脚向右跨出一步,重心移向右脚,右臂向右侧伸出,放松握拍,拍面略后仰对准来球。

(一)正手接杀球

当对方杀来右侧的球,通常采用正手握拍的方法去接球。接球时依据来球的质量和对方的站位,可以采用挡网和挑高球来处理,以尽可能地寻找战机,转被动为主动。

1. 正手挡直线网前球(见图5-9)

动作要领:对方杀球时,应快速移动至球前,身体右倾,手臂右伸,小臂外旋,手腕外展。击球时,小臂内旋稍翻腕带动球拍由右下向前上方推送触球,把球挡向直线网前。也可以在击球时小臂由外旋到内收,带动球拍由右向前切送球托,击直线球至网前。

图 5-9　正手挡直线网前球

2. 正手挑直线后场球

动作要领：当对方杀右边线球时，右脚向右侧跨一大步至球前，往右侧引拍，右臂稍向右后摆的同时稍带有外旋，手腕伸到最大限度后，使球拍迅速后摆，紧跟着右小臂外旋挥动手腕从后伸到伸直手腕，这时，肘起着"支点"作用，拍面对准来球，击球托的中下部，使球向直线高远方向飞行。击球后，关节小臂内旋，球拍往体前上方挥动，球拍回收至体前。

3. 正手挡对角网前球（见图 5-10）

动作要领：正手挡对角网前球的准备姿势与挡直线网前球是一样的。但在挥拍击球时，在肘关节屈收的同时小臂要稍旋内，手腕由后伸到内收闪动，击球托的右侧。击球点在右侧前，手腕、手指控制拍面角度，使球向对角线网前坠落。

图 5-10　正手挡对角网前球

（二）反手接杀球

当对方杀来左侧的球，通常采用反手来接杀。它通常也是采用反手挡网和反手挑高球来进行处理。准备击球前，两脚屈膝平行站立稍宽于肩，两眼注视来球。当来球过网，左脚向左跨出一步，重心移向左脚，右臂向左侧伸出，放松握拍，反拍面略后仰对准来球。

1. 反手挡直线网前球（见图 5-11）

动作要领：在对方杀球时，应快速移动至球前，身体左转前倾，右肩对网，右肘弯曲，手腕外展，引拍至左肩前上方；击球时，接对方来球的冲力，以前小臂带动球拍由左上方用拇指的顶力挥拍击球托,把球挡回直线网前;击球后,身体右转成正面对网,拍随身体的移动收至体前。

图 5-11　反手挡直线网前球

2. 反手挡对角网前球

动作要领:此技术的动作方法与反手挡直线网前球相同,只是击球时,手腕由外展到后伸闪动挥拍,击打球托的左侧下部,使球向对角网前坠落。

3. 反手挑后场高球(见图 5-12)

动作要领:击球前,小臂内旋,手腕外展,引拍至左侧前。当对方杀左边线球时,右脚向左侧跨一大步。大臂支撑,小臂急速往右前方挥摆,手腕由外展至后伸闪动,握紧球拍,加上拇指的顶力,全速挥拍击球,使球向直线方向飞行。若对角线方向挥拍,则球向对角线方向飞行。

> 注意事项:
>
> 要根据球离网的远近,灵活调整拍面角度和用力方向。
>
> 要保持好前臂与手腕的一致性,充分发挥向上方挑球的爆发力。

图 5-12　反手挑后场高球

4. 易犯错误

• 手腕与手指运用不当,不是用力过猛,就是拍面控制不好,击出球离网太高、太远或落网。

• 站位离网过近,妨碍击球动作;击球前肘关节过直。

5. 练习方法

• 按动作要领进行反复的挥拍练习,以巩固动作。

● 通过对较慢速度的杀球有针对性的处理练习，体会动作要领。

● 在移动中练习接杀球动作。

● 加强身体素质的练习，特别是下肢和腰腹力量的提高，反应速度和对球的控制能力的提升。

重点提示：

降低身体重心，眼睛密切注意对方来球。

用快速的并步加上侧身跨步（正手）或者蹬转步（反手）将身体重心移过去接杀球。

借对手杀球的力量把球挡回去就可以，球一般也恰好可以落回网前。

如杀来球较平，可以反抽以达到反攻。

五、抽挡球技术

（一）平抽球

抽球是把在身体左右两侧、肩以下、腰以上的来球抽击到对方场区内的击球方法。虽然抽球属于防守技术，但由于抽球击球点低、近网、球速快，有一定的进攻能力，因此它也是反控制的主要技术之一，在双打比赛中运用比较多。

抽球分为正手抽球和反手抽球两种。抽球时，只要掌握好发力方向，调整好拍面角度，即可把球回击成高远球、平高球、平快球和抽吊网前球。

1. 正手抽球

右侧场区的低球，用正拍面抽击球，称为正手抽球（见图5-13）。

图5-13　正手抽球

动作要领：当对方击来右后场低球时，快步向右后场移动到适当位置，最后一步以右脚向球下落的方向跨去，侧身对网，上身向右后倾，重心在右脚上。

2. 反手抽球

在左侧场区的低球，用反拍面抽击球，称为反手抽球（见图5-14）。

图5-14　反手抽球

动作要领：两脚开立站在中场附近，微屈双膝，体前持拍判断来球方向，向左跨步到接球位置。小臂由内旋转为外旋，手腕由外展到内收，手指握紧球拍，利用拇指的反压力把球回击到对方场区。击球点争取在身体侧前方，以利手臂发力击球。击球后，右脚蹬地回位。

（二）平挡球

平挡球分为正手平挡球和反手平挡球。

1. 正手平挡球

正手平挡球是用正手握拍以正拍面将位于身体右侧体前的来球轻挡过网，使球过网后落于对方前场或中场区域内的一种中场击球技术。

动作要领：两脚屈膝左右开立面对网，上体直立，持拍于体前，两眼注视对方击来的球。右脚向右侧跨出一步，在跨步的同时球拍向右侧后引，以正拍面对准来球，上体向右后转至左肩对网，髋关节也转向右后，右腿蹬直，屈肘，前臂外旋伸展腕，手指放松握拍。击球时，挥拍动作要小，借助来球的力量，持拍臂前伸，前臂内旋，屈指发力握紧拍柄向前下方击球，上臂有制动动作。击球后，右脚向前迈，球拍随身体向左转，立即收拍于体前。

2. 反手平挡球

反手平挡球是用反手握拍以反拍面将位于身体左侧体前的来球轻挡过网，使球过网后落于对方前场或中场区域内的一种中场击球技术。

准备击球前，屈膝平行站立，两脚稍宽于肩，两眼注视来球。当来球过网，身体重心移向左脚（如果球离身体较远，可左脚向左移一步，重心移到左脚上；如果球离身体更远，可以左脚为轴，右脚经左脚前往左方跨出一步，成背对网姿势），右臂向左边伸去，放松握拍，反拍面略后仰对准来球，挥拍将球挡回对方网前区。击球后，持拍手臂顺惯性往前上方挥动，收回在右肩前。

> **注意事项：**
> 与通常的低手吊球相比，抽挡球的飞行更快。
> 没有或只有很少的前臂旋转和腕关节参与。
> 完成一次击球后，举拍要及时。

六、推球技术

在网前较高的击球点上，用推击的方法往对方底线击出弧度较平、速度较快的球，称为推球。由于击球点到过网的距离很短，球又平直快速，再加上控制好落点，所以推球很有进攻性。它分为正手推球和反手推球两种。

（一）正手推球（见图 5-15）

动作要领：移动到位，球拍向右侧平举。推球前，前臂稍外旋，手腕后伸同时球拍也稍往后摆拍面推球。小指与无名指稍松开，使拍柄离开手掌，充分发挥手指的力量。推球时，拍面尽力后仰，手腕由后伸直并且闪腕，食指向前压下，小指、无名指突然握紧拍柄，球拍快速挥动。推球后，在回动过程中收球拍于胸前。

图 5-15　正手推球

（二）反手推球（见图 5-16）

动作要领：移动至网前左侧，反手握拍，前臂侧上举。推球前，前臂向左胸前收引，手腕稍外展，球拍松握，拇指顶住拍柄的内侧宽面，推球时，当前臂往前伸的同时外旋，手腕由稍外展到伸直抖腕，中指、无名指、小指突然紧握球拍，拇指顶压，往前挥动将球推出。击球后，身体还原至准备姿势。

图 5-16　反手推球

（三）击球的练习方法

（1）反复进行各种击球动作，并配合步法移动的徒手挥拍练习。

（2）多球练习，在中场做正、反手推球练习。

（3）二对一做隔网正、反手推球练习。

注意事项：

掌握好推球的时机，太低的球不易用推球的技术。

握拍要放松，不能用小臂手腕发力，球拍预摆幅度不能大，发力要短促快速。

提高击球点，控制好拍面角度。

七、基本步法

两侧移动步法：从中心位置向左右两侧移动到击球点上击球的步法，称为两侧移动步法，这种步法多用于接杀球和接低平球。可分为向右侧移动和向左侧移动两种步法。

（一）向右侧移动步法

1．向右侧蹬跨步法（见图5-17）

主要用于球离身体较近时，起动后，两脚向上轻跳，重心移至左脚，左脚用力蹬地的同时，右脚向来球方向大跨一步，着地后右脚成弓箭步，上体前倾。击球后，以右脚前脚掌回蹬，回动至中心位置。

2．向右侧垫步步法（见图5-18）

主要用在球距身体较远时，起动后，两脚向上轻跳，重心移至右脚上，左脚向右脚并一步，左脚一着地就用力向右蹬，使右脚迅速向右大跨一步，右脚着地后即成了箭步，上体前倾，击球后，右脚前脚掌回蹬，回动到中心位置。

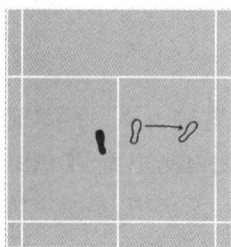

图5-17　向右侧蹬跨步法　　　图5-18　向右侧垫步步法

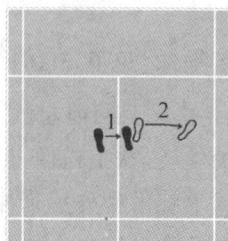

（二）向左侧移动步法

1．正对球网移动步法（见图5-19）

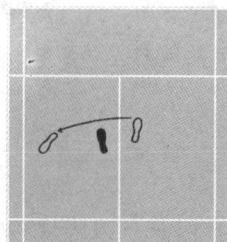

无论是正手还是反手击球都可以采用这种步法。起动后，右脚用力蹬地，同时身体左转，左脚向左侧跨一步，重心移至左脚上，以脚趾制动，上体左倾，反手将球击出。击球后，左脚回蹬，顺势回到中心位置。

2．背对球网移动步法（见图5-20）

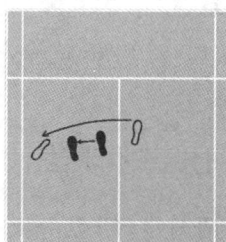

这种步法只能在反手击球时使用。当来球飞向左侧时，两脚轻跳，重心落在右脚上，右脚用力蹬地，经左脚前向左侧跨一大步，成背对球网，右脚以脚掌制动，上身稍前倾，用反手击球。击球后，右脚回蹬转身，回到中心位置。

3．背对球网垫步步法（见图5-21）

起动后，左脚先向左跨一小步，身体左转，同时右脚用力蹬地，经左脚前向左后侧跨一大步，成背对球网姿势，上体前倾。右脚以脚掌制动后用力回蹬转身，回至中心位置。

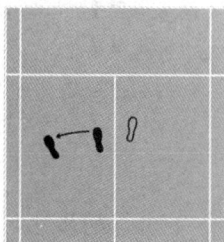

图5-19　正对球网移动步法　图5-20　背对球网移动步法　图5-21　背对球网垫步步法

（三）左右侧起跳步法

这种步法由于起跳,加快了步法的速度和击球的高度,具有较大的威胁性,常被称为突击步法(见图5-22)。具体有以下两种起跳方法:

（1）从准备动作开始,身体向右稍倾斜,双膝向右微屈起跳;或身体向左稍微倾斜,双膝向左侧微屈起跳。

（2）从准备动作开始,右脚向右跨一小步起跳;或左脚向左跨一小步起跳。

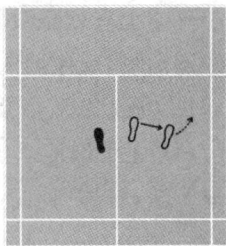

图 5-22　左右侧起跳步法

八、前后连贯步法

在步法移动过程中,不需要重新起动的步法叫做连贯步法。主要有后场至前场和前场至后场的连贯步法。

（一）后场至前场连贯步法

基本上有四条线路:正手后场直线上网;左后场直线上网;正手后场对角上网;左后场对角上网。前两种是直线连贯步法,后两种是对角线或称之为斜线连贯步法。

1. 直线连贯步法(见图5-23)

在后场完成击球动作,身体姿势复原后,以交叉跨步冲向网前做上网动作;或稍向中心位置移动一点,然后上网。

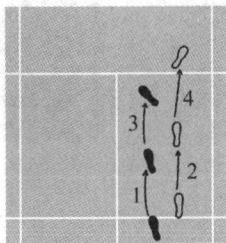

a. 正手后场上正手网前连贯步法　　　b. 头顶后场上反手网前连贯步法

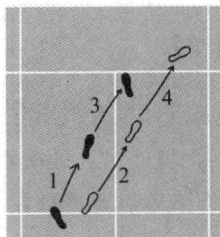

图 5-23　直线连贯步法

2. 斜线连贯步法(见图5-24)

在完成击球动作,身体姿势复原后,以交叉步冲向对角网前做上网动作。由于斜线比直线距离长,因此从后场到对角网前需要较多的步子。练习者可根据本人的实际情况,选择合适的步数。

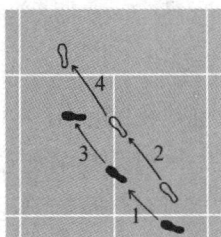

a. 正手后场上反手网前连贯步法　　　b. 头顶后场上正手网前连贯步法

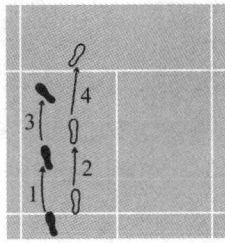

图 5-24　斜线连贯步法

（二）前场至后场连贯步法

基本上有四条线路：正手网前直线退后场，反手网前直线退后场，正手网前斜线退后场，反手网前斜线退后场。

1. 直线连贯步法

（1）正手网前退正手后场：在网前完成击球动作，身体姿势恢复后，做并步后退步法，右髋向右后方转动，右脚移于左脚之后，以并步或交叉步移动至后场（见图5-25）。

（2）反手网前退后场：在网前完成击球动作、身体姿势恢复后，向后并步退一步，右髋向左后方转动，带动右脚移于左脚侧后方。由于髋部转动的幅度很大，左脚要用一个向右侧转的小跳步，左脚尖朝着右侧边线，然后以并步或交叉步移动至后场（见图5-26）。

2. 斜线连贯步法

反手网前斜线退后场：在网前完成击球动作，身体姿势复原后，向后并步退一步，右髋向右侧方向转动，带动右脚移于左脚右侧方，以并步或交叉步移动至底线（见图5-27）。

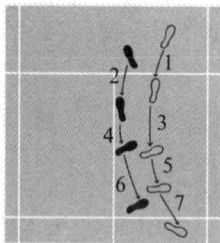

图 5-25　正手网前退正手后场　　图 5-26　反手网前退后场　　图 5-27　反手网前斜线退后场

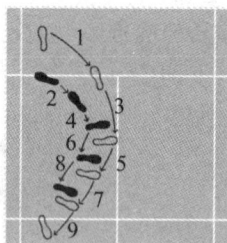

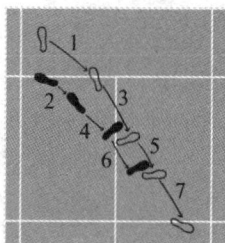

第二节　羽毛球中级水平单打战术与练习方法

羽毛球运动是一个攻、防对抗的项目，在比赛中，进攻和防守无时无刻不在转换。要在球场上掌握主动，获得比赛的最终胜利，必须合理运用战术打法。本节就羽毛球重要单打战术及其练习方法做一阐述。

一、杀、上网

杀、上网是羽毛球个人战术中最基本的战术，也是在练习、比赛中运用最多、相对容易掌握的一项战术。运动者首先在后场以点杀、劈杀技术将对方打来的后场高远球下压，回击落点要选择在靠近场地两边边线处，以使对方被动回球；在对方还击网前球时，迅速上网，以搓球、或勾对角、或快速平推创造半场扣杀机会；若对方在网前挑高球时，可在其向后退的过程中把球直接杀向他的身上。

（1）头顶杀球并上网搓球：对方击高远球，后场点杀对方对角端线处，对方被动回击网前球时，迅速上网还击贴网的搓球（见图 5-28）。

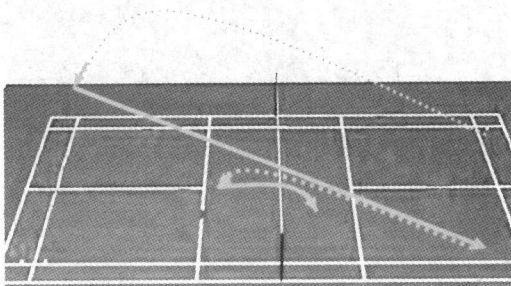

图 5-28　头顶杀球并上网搓球

（2）头顶杀球并上网推对角线球：对方击高远球，后场杀对角，落点在边线处，对方被动回击网前球时，迅速上网推对角线球（见图 5-29）。

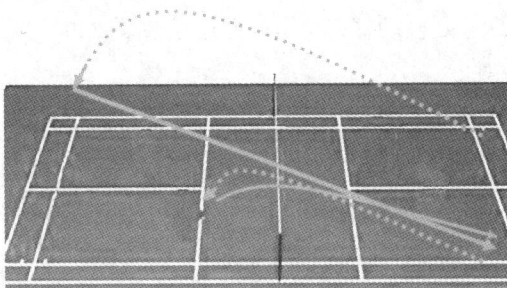

图 5-29　头顶杀球并上网推对角线球

（3）头顶杀对角线并上网勾球：对方击高远球，后场头顶杀对角，对方放网前球时，迅速上网勾对角（见图 5-30）。

重点：
增加杀、吊质量；
提高反应速度；
增强上网步法练习。

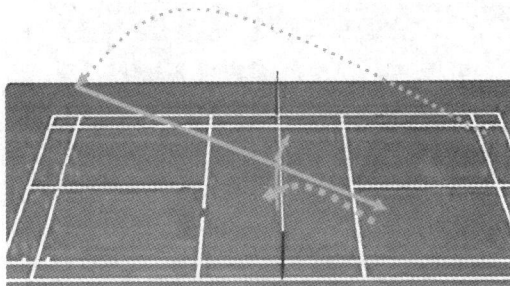

图 5-30　头顶杀对角线并上网勾球

（4）对方在网前挑高球，把球杀向其身体：对方击后场高远球，头顶劈杀边线处，对方回击网前球，迅速上网搓或勾角，如对方在网前挑高球，可在其后退过程中把球直接杀向他身上（见图 5-31）。

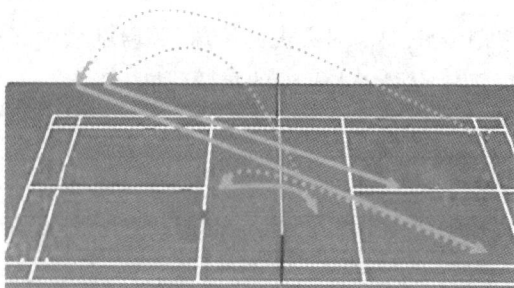

图 5-31　对方在网前挑高球,把球杀向其身体

二、吊、上网

杀球是羽毛球比赛的重要得分手段,吊球运用得当也可以在比赛中取得优势,为比赛奠定胜利的基础。吊球是在杀球具有优势的情况下,配合进攻采用的一种为调动对方、消耗对方体能、打乱对方阵脚而主动使用的战术手段。在比赛中采用吊、上网战术时,应首先在后场以轻杀配合吊球把球下压,落点要选择在网前边线处,使对方被动回球;若对方还击网前球时,迅速上网,并以各种网前击球技术还击对方。

(1)正手吊直线并上网搓球:比赛中,双方击打高远球是常用的一种手法。在对手回击后场高远球的时候,在对拉或杀球时,突然变化节奏放一网前球可以起到出奇制胜的效果。例如,对方拉高远球,吊一直线球,对手回放网前球时迅速上网搓球(见图 5-32)。

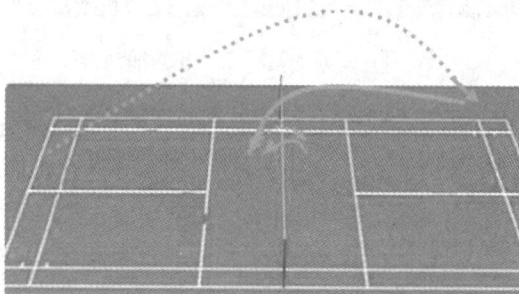

图 5-32　正手吊直线并上网搓球

(2)正手吊直线并上网推球:对方击后场高远球,吊一直线球,对方回放网前球时,上网推对角或直线球(见图 5-33)。

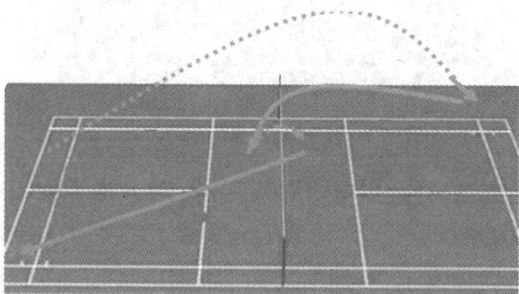

图 5-33　正手吊直线并上网推球

（3）正手吊直线并上网勾球：对方击后场高远球时，吊一直线球，对方回放网前球时，上网勾对角（见图5-34）。

图5-34　正手吊直线并上网勾球

（4）正手吊对角线并上网搓球：在对方回击后场高远球时，正手吊斜线球，对方回放网前球时，上网搓（见图5-35）。

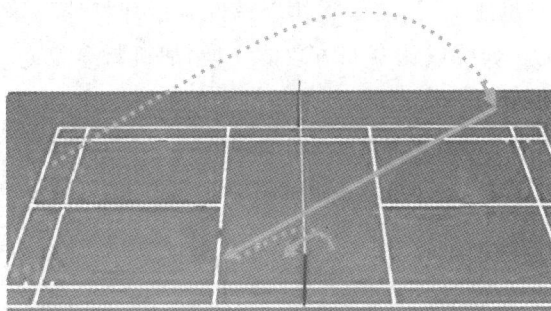

图5-35　正手吊对角线并上网搓球

（5）正手吊对角线并上网勾球：在对方回击后场高远球时，正手吊斜线球，对方回放网前球时，上网勾对角（见图5-36）。

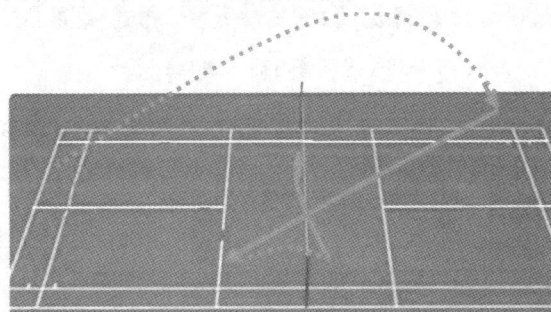

图5-36　正手吊对角线并上网勾球

（6）正手吊对角线并上网推对角：在对方回击后场高远球时，正手吊对角球，对方回放网前球时，上网推对角（见图5-37）。

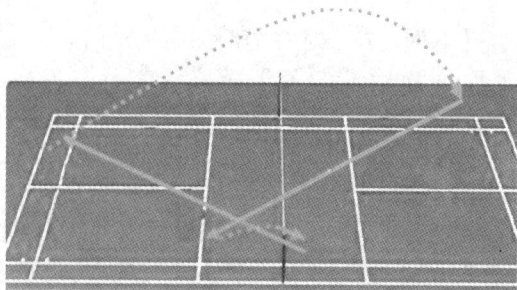

图 5-37　正手吊对角线并上网推对角

三、半场一对一练习及比赛

羽毛球运动是控制与反控制的较量，双方在有限的空间里，凭借力量、速度与技巧斗智斗勇。训练中缩小场地面积，增加练习强度和难度，可以起到事半功倍的效果。在 1/2 片场地区域内，双方球员进行对抗练习或比赛，可以运用高球、平高球或挑高球互压底线；或者一方运用点杀、劈杀技术将球下压，在另一方还击网前球时迅速上网；或者运用轻杀配合吊球将球下压，在对手还击网前球时，迅速上网。训练或比赛双方攻防交换，战机瞬息万变，准确、灵活运用技、战术，及时处理好每一次击球，是取得胜利的关键。

（1）半场练习高远球及平高球：对打直线高球（见图 5-38），利用半片场地，两人分别对打高远球、平高球练习，可规定组数和每组练习的时间或规定完成的数量。

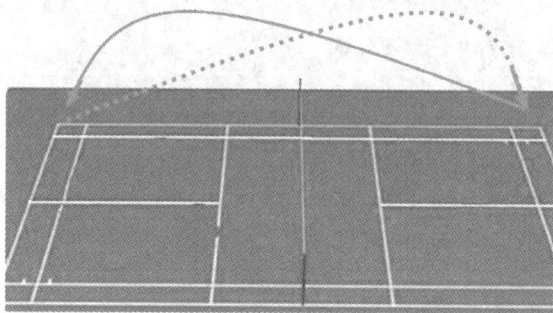

图 5-38　半场练习高远球及平高球

（2）一挑、一吊练习：利用半片场地，两人各站场地一边，做吊、挑练习，规定次数，两人轮换练习（见图 5-39）。

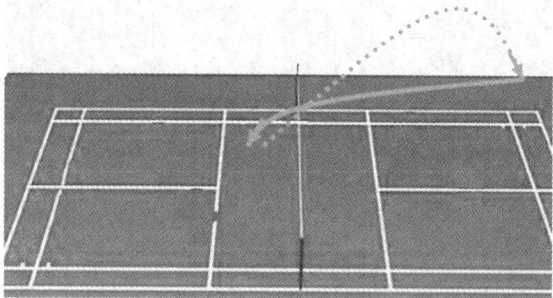

图 5-39　一挑、一吊练习

（3）半场组合练习：半场一对一练习或比赛，在半片场地区域内，双方运用高球、平高球、挑高球，或点杀、劈杀，或吊球、搓球等各种技术进行组合练习或比赛（见图 5-40）。

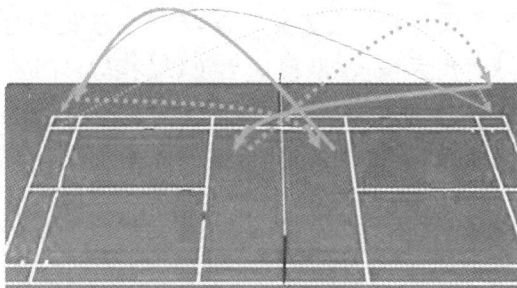

图 5-40　半场组合练习

第三节　羽毛球中级水平单打战术配合与练习方法

羽毛球技术从发球开始就在比赛的每一次击球、每一分中被灵活运用，根据临场的情况和每个人的技术特点，某项技术可能被多次反复地运用，也可能数个技术被不同地组合起来变化着运用。正因为如此，使比赛没有固定的程序和模式，每一分、每一局的争夺都千变万化，精彩纷呈。本节讲述的是几种常用的单打战术配合与练习方法。

一、发球抢攻战术

发球不受对方干扰，发球者根据规则规定以任何方式将球发到对方接球区的任意一点。发球抢攻是比赛的重要得分手段，根据对手回击球的习惯球路、反击能力、打法特点、精神和心理状态等情况，运用不同的发球方法，可以争取前几拍的主动权。善于利用多变的发球术，可以先发制人，打乱对方的战术节奏，取得主动。运用发平快球（或平高球）和网前球配合，有目的地选择对手的弱点，争取创造第三拍的主动进攻机会，组成发球抢攻战术。

（一）发前场区球抢攻战术

发前场区球的目的主要是为了限制对手马上进行攻击，同时有意识地预判对方的回击球路，从而迅速组织和发动快速有力的抢攻，达到直接得分或获得第二次攻击的机会。发前场区球有发 1 号区位，2 号区位，1、2 号之间区位和发追身球。场区划分见图 5-41。

发前场区球能减少对方直接把球下压的机会，形成发

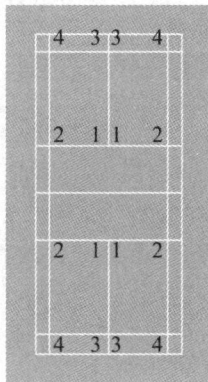

图 5-41　场区划分

球后立即进入抢攻的局面。发前场区球主要有发前发球线内角、前发球线外角、前发球线之间和发追身球几种。把球发到前发球线内角位,球飞行路线较短,容易封住对方攻击自己后场的角度;把球发到前发球线外角位,起到调动对方中心位置的作用,造成对方出现大面积空当,但需要提防对方接发球平推直线后场,尤其是发球者反手位;发网前球也可以发追身球迫使对方还击困难。发网前球与发底线球结合使用效果更好。

1. 发前场区内角球,对方挑高球,后场杀球进攻(见图5-42)

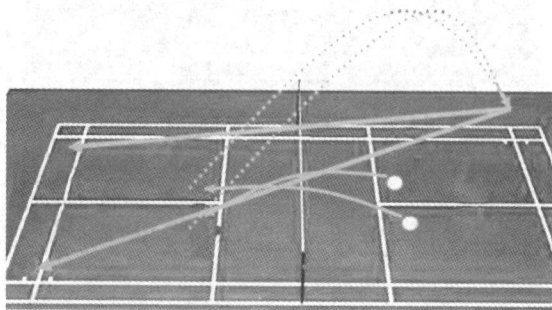

图5-42　发前场区内角球,对方挑高球,后场杀球进攻

2. 发前场区外角球,对方挑高球,后场杀球进攻(见图5-43)

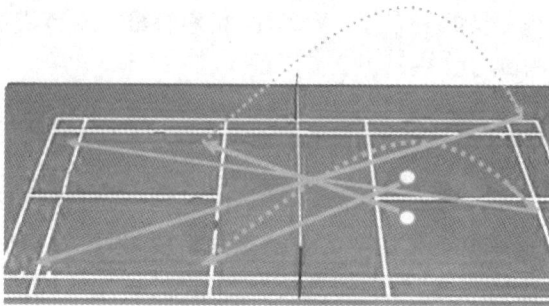

图5-43　发前场区外角球,对方挑高球,后场杀球进攻

3. 发前场区外角球,对方平推直线球,劈杀对角进攻(见图5-44)

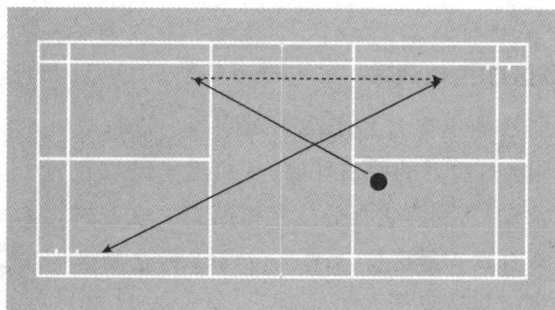

图5-44　发前场区外角球,对方平推直线球,劈杀对角进攻

4. 发追身球,对方挑高球,后场杀球进攻(见图 5-45)

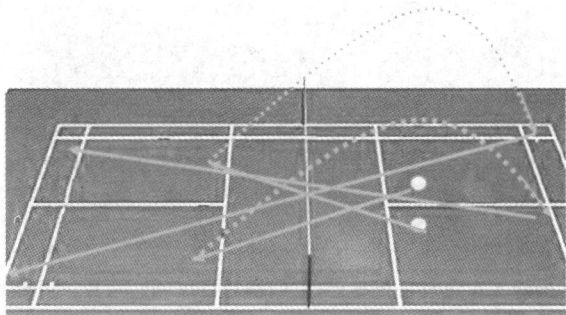

图 5-45 发追身球,对方挑高球,后场杀球进攻

(二)发平快球抢攻战术

发平快球抢攻战术和发网前球抢攻战术的主要区别在于发网前球可以直接抓住战机进行抢攻,而发平快球抢攻则要通过防守反攻的手段才能获得抢攻的机会。发平快球属于进攻性发球,球速很快,隐蔽性较强,作为突袭手段如运用得当,往往会掌握进攻的主动权。但是平快球容易被对方拦截,如果应对不当反而会处于被动。发平快球一般应发向对方反手区或直接发追身球,使对方措手不及。发平快球要保持动作的隐蔽性、一致性,发力要突然,球速要快。在使用发平快球战术时,配合使用劈吊和劈杀可增加其战术效果。通常情况下,平快球的落点和杀、吊的落点拉得越开效果越好。

发平快球可以配合发前场区球抢攻,同时让对方增加判断的难度造成盲目进攻;或是在我方的预判内进攻,从而使发球方能够从防守快速转入进攻;或是造成对方失控而直接失误。发平快球战术的目的,一是为了偷袭,如对方反应慢,或站位偏向边线时,偷袭后场内角位的成功率会大一些;二是发平快球逼对方采用平抽快打的打法;三是为了将对方逼至后场区造成网前区的空隙。

1. 发反手区平快球,对方回后场高球,劈杀、劈吊边线球(见图 5-46)

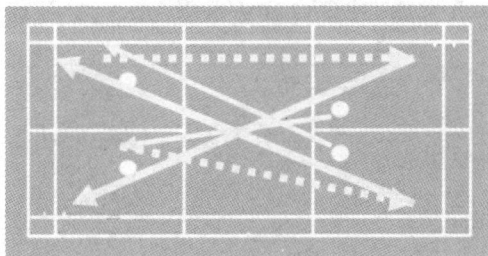

图 5-46 发反手区平快球,对方回后场高球,劈杀、劈吊边线球

2. 发追身平快球，对方回后场高球，劈杀、劈吊边线球（见图 5-47）

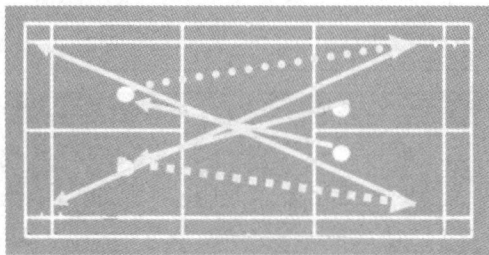

图 5-47　发追身平快球，对方回后场高球，劈杀、劈吊边线球

（三）发平高球抢攻战术

发平高球有发 3 号区，发 4 号区，发 3、4 号区之间三种平高球。发平高球与发平快球有一些区别，平高球的飞行弧度较低，但对方仍然必须退到后场才能还击，同时由于球的飞行速度较快，对方没有充裕的时间考虑对策，因此回球质量会受到一定的影响。平高球对于球的飞行弧线的控制，应观察对方站位的前后和人的高矮及弹跳能力，以恰好不给对方半途拦截的机会为宜。发平高球的落点选择与发高远球相同。如对方回击后场高球，则以劈杀、劈吊边线球回击；若对方被动回击网前球时，则迅速上网，并以各种网前击球技术还击对方放回的网前球。

1. 发 3 号区位平高球，对方回后场高球，劈杀、劈吊边线球（见图 5-48）

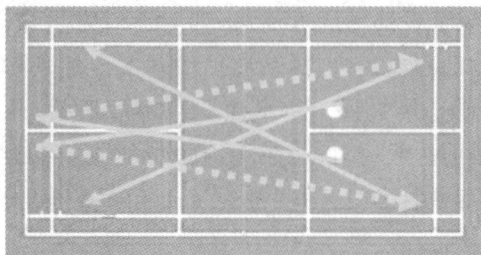

图 5-48　发 3 号区位平高球，对方回后场高球，劈杀、劈吊边线球

2. 发 4 号区位平高球，对方回后场高球，劈杀、劈吊边线球（见图 5-49）

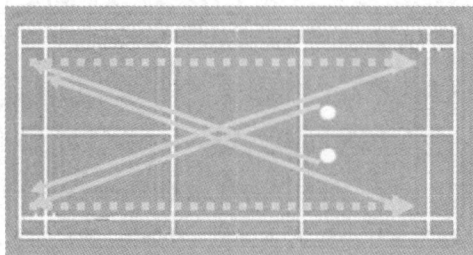

图 5-49　发 4 号区位平高球，对方回后场高球，劈杀、劈吊边线球

二、攻后场战术

攻后场是比赛中常用的一种战术,这种战术常用来对付后场扣杀能力较差、跑动能力较弱的对手。运用准确的平高球、挑高球、高远球打到对方后场两角,把对方紧压在底线,使其在底线两角移动击球。此战术多采用重复打高远球、平高球或挑底线,在其还击半场高球或网前高球时即可大力扣杀或吊空当,以取得胜利或主动(见图 5-50)。

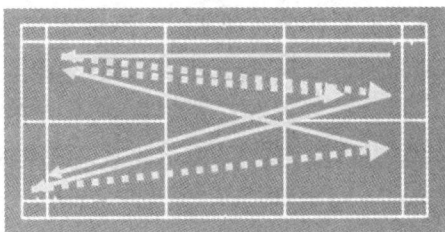

图 5-50 攻后场战术

三、逼反手战术

对于所有运动者来说,后场的反手击球总是或多或少地弱于正手击球。与正手击球相比,反手击球常受到人体解剖结构的限制,击球的进攻性不强,球路也比较简单。有些运动者在后场击球时力量较弱,甚至不能用反手把球打到对方端线。因此,在比赛中对于对方的反手要毫不放松地加以攻击。

(一)调动对手使其离开中心位置

促使对方反手露出破绽,先攻击其网前,拉开对方位置,使对方反手区露出空当,然后把球打到对方反手区,迫使对方使用反拍击球。例如,乙方发来高远球,甲方回击时先吊乙方正手网前,乙方挑甲方左后场高远球,甲方再以平高球攻击对方反手区(见图 5-51)。

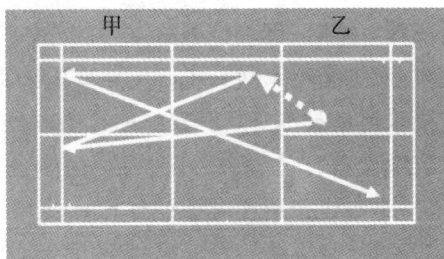

图 5-51 调动对手使其离开中心位置

(二)连续攻击反手较差的对手

对于后场反手较差的选手,经常使用头顶击球、侧身击球、侧身弓击球来弥补反手的不足。头顶、侧身击反手区球时,身体重心、身体位置要偏向左场区的边线,因而在重复攻击对方的反手区时,迫使其身体位置远离球场中心。这样原来是优势的正手区就出现大片的空当,成为被攻击的目标。在重复攻击对方反手区迫使其远离中心位置时,

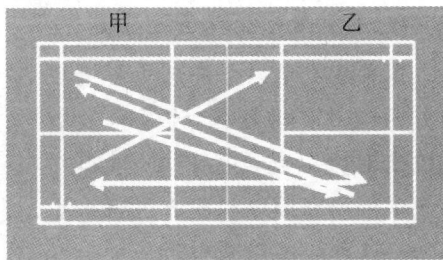

图 5-52 甲方重复攻击乙方反手后,杀乙方对角网前

突然吊对角网前,就能取得优势或胜利。例如,甲方发高远球到乙方左接发球区端线外角位,乙方头顶拉对角高球,甲方连续攻击乙方头顶外角,这时乙方的身体重心后仰偏向场地的左侧边线,右场区出现大片空当,甲方就可以点杀对方对角网前,使乙方来不及救球(见图5-52)。

甲方重复攻击乙方反手,当对方在后场用反手吊直线网前球时,快速上前扑杀或搓、勾。当对方打来半场高球的时候,如对方移动速度较慢,扣杀落点应远离对方位置的空当处;如果对方移动速度较快,则要把球扣杀在他刚离开的位置,因为对方在快速移动中要立即停住再回转身来接杀球是很困难的。当对方被迫在后场用反拍击球时,要主动向前移动位置,封住网前;当对方在后场用反手吊直线或对角网前球时,就可以快速上前扑杀或搓、勾,为下一拍创造主动进攻的机会(见图5-53)。

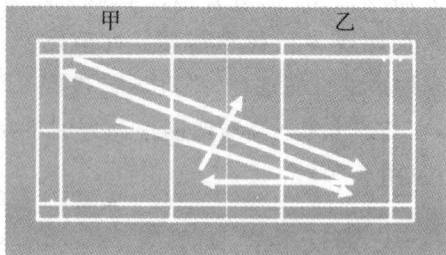

图 5-53　甲方重复攻击乙方反手后,快速上前扑杀或搓、勾

四、打四方球结合突击战术

打四方球是在对手的步法较慢、体力较差、技术不全面的情况下,以快速的平高球、吊球准确地打到对方场区的四个角落,迫使对方前后左右奔跑、被动应付,当对方来不及回到中心位置或失去重心时,抓住空当和弱点对其进行攻击。它要求运动员本身具有较强的控制球的能力和快速、灵活的步法。打四方球可以连续交替打前、后场,多拍拉、吊结合,也可以使用重复落点、假动作、回攻反手、打对角线来消耗对手的体力。使用这种战术时,对不同特点的对手要采用不同的拉、吊方法。对后退步法慢的可以多打前、后场;对盲目跑动满场飞的可使用重复球和假动作;对灵活性差的应多打对角线,尽量使对方多转身;对后场反手差的仍通过拉开后攻反手;对体力不好的可用多拍拉、吊来消耗其体力,有的放矢,取得最后的胜利。

(一) 重复平高球进攻战术

这种战术是以平高球重复进攻对方的同一个后场区,连续重复数拍攻击对方以获得胜利,或逼迫对方出现半场高球以利我方进行最后一击。这种战术用来对付回动上网快、底线控制能力差,以及侧身后退步法差的对手很有效(见图5-54)。

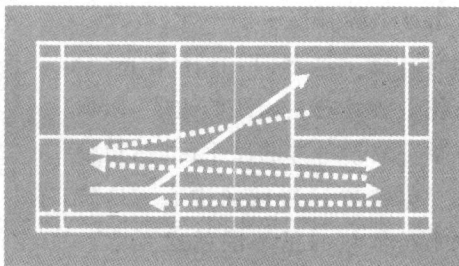

图 5-54　重复平高球进攻战术

（二）两边拉开平高球进攻战术

这种战术是使用平高球或挑高球连续攻击对方的底线两角，争取主动，或逼迫对方回击半场高球从而有利于我方进行最后一击。这种战术要求击球时控制平高球的速度和准确性，需要具有一定的爆发力和协调性。对付回动上网快但底线攻击能力差的对手是有效的（见图5-55）。

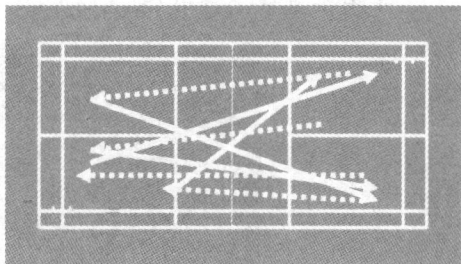

图5-55　两边拉开平高球进攻战术

（三）重复吊球进攻战术

这种战术的特点是重复吊一点或吊两边，以便寻找有利战机获得胜利。此战术运用的条件为：一是对方上网步伐慢，网前小球技术差；二是对方打底线球不到位，急于后撤防守；三是我方吊球技术好、动作隐蔽，并合理运用假动作。当对方回击半场高球时，抓住战机一击制胜（见图5-56）。

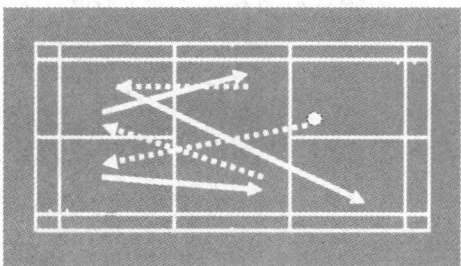

图5-56　重复吊球进攻战术

（四）平高球结合吊球进攻战术

这种战术的特点是重复打前、后场，运用直线平高球和对角吊球调动对方，使得对方接球时需要移动的距离比较长，增加了防守的难度。当对方回球不到位时，抓住战机一击制胜（见图5-57）。

五、吊、杀上网战术

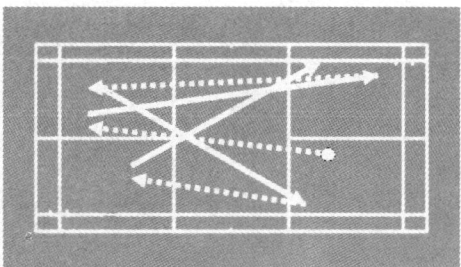

图5-57　平高球结合吊球进攻战术

吊、杀上网是针对对方打来的后场高球，先以杀球配合吊球把球下压，落点选择在场地两条边线附近，迫使对方被动回球。在对方还击网前球时，迅速上网以贴网的搓球、或勾对角、或快速平推创造半场扣杀的机会。若对方在网前挑高球，可在其向后退过程中把球直接杀到其身上。运用上网战术必须能很好地控制吊、杀球的落点，在对手被动回到网前时，才能迅速主动上网。

(一) 杀球,对方回击网前球时上网搓球

1. 正手杀直线上网放(见图 5-58)

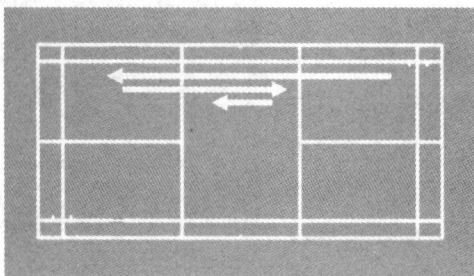

图 5-58　正手杀直线上网放

2. 正手杀对角线上网放(见图 5-59)

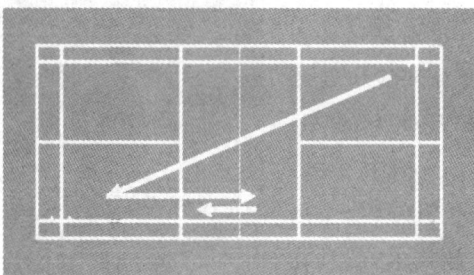

图 5-59　正手杀对角线上网放

(二) 杀球,对方回击网前球时上网勾对角

1. 正手杀直线上网勾对角(见图 5-60)

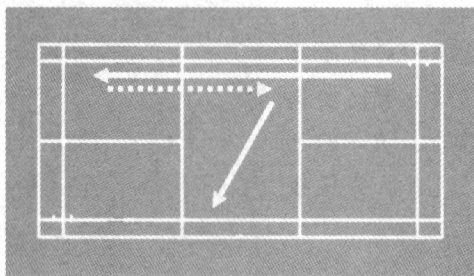

图 5-60　正手杀直线上网勾对角

2. 正手杀对角线上网勾对角(见 5-61)

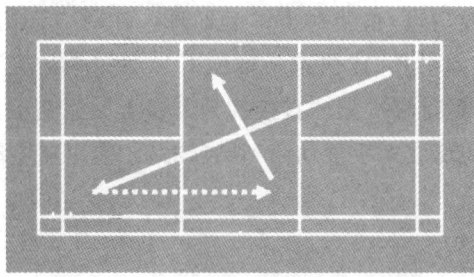

图 5-61　正手杀对角线上网勾对角

（三）杀球,对方回击网前球时快速回击平推球

1. 正手杀直线上网推对角线（见图 5-62）

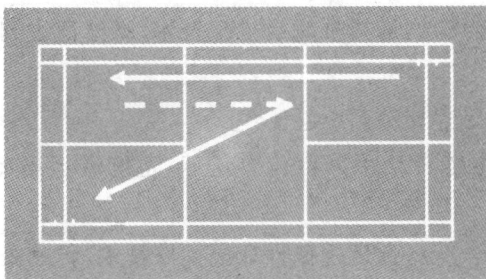

图 5-62　正手杀直线上网推对角线

2. 正手杀对角线上网推对角（见图 5-63）

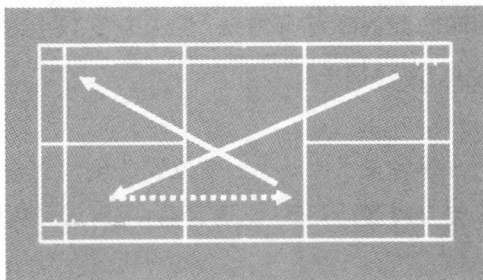

图 5-63　正手杀对角线上网推对角

练习步骤：

（1）正手接吊挑与反手接吊挑。

（2）正手接杀放网与反手接杀放网。

（3）训练先做无球正、反手放网模仿练习。

（4）多球接杀放网。

（5）两人对练杀与接杀放网。

六、林丹羽毛球技战术练习方法示例

（一）林丹羽毛球技战术的练习方法

（1）练习目的：

• 掌握推、挑球击球技术；

• 提高移动状态下推、挑球的能力；

• 提高前场击球技术动作的一致性。

（2）练习水平：具备初、中级技术水平。

（3）练习方法：

• 陪练者站于场地一侧 T 位置,一手持拍,一手持多球。

• 主练者站在场地中心,呈击球前准备姿势。

• 陪练者先向主练者正手网前位置送球,主练者运用正手上网步法移动到位。

• 根据抢到的击球点,选择推球或挑球技术,将球回击到直线底角位置,或以对角线回击。

• 完成击球后,迅速回位到中心位置。

• 陪练者再向主练者反手网前位置送球,主练者运用反手上网步法移动到位。

• 根据抢到的击球点,合理选择推球或挑球技术,将球击到直线底线位置,或以对角线回击。

• 完成击球后,迅速回位到中心位置。

• 依次循环,反复练习。

(二) 林丹羽毛球网前战术练习方法

(1) 双方准备位置、姿势同上。

(2) 练习方法:

• 陪练者随意向主练者正手或反手网前位置送球,

• 主练者根据来球方向进行判断,迅速起动,运用正手或反手上网步法移动到位。

• 根据抢到的击球点,合理选择推或挑球技术,将球回击到直线或对角线的底线两角位置。

• 完成正手或反手位击球后,迅速回位到中心位置。

(3) 依次循环,反复练习。

(4) 练习负荷:每组约 30 个球,共 3 组,每组间歇 5 分钟。或根据主练者实际情况调整训练量。

(5) 要点提示:

• 击球前,身体、手臂要放松。

• 击球点应选择在两脚的延长线上,尽量抢高点击球。

• 击球时,左臂要打开,以保持身体的平衡和制动作用。

• 运用手腕、手指发力,并体会触球拍面,控制击球方向及落点位置。

• 推或挑球应注意出球的飞行弧度,根据需要,选择较平或有一定弧度的击球线路。

• 击球落点尽量准确,保证击球的质量,以期为自己争得较多的调整、回动时间。

• 击球后,球拍不要乱甩。

• 初练习时,可适当降低球速。随着熟练程度的提高,逐渐加快送球的速度,从而加大练习的难度。

第四节　大学羽毛球中级水平考试内容与评分方法

该阶段的学生处于羽毛球运动的中级水平,考试主要是在初级水平的基础上对大学生有一个更全面、更有针对性的评价,考试内容分为体能部分和技能部分,具体分为:个人基本技术、技战术基础知识、技战术实战能力和裁判员规则。

评分方法:个人基本技术 20 分,技战术基础知识 40 分,技战术实战能力 20 分,羽毛球规则 20 分,满分为 100 分。86 分以上为优秀;70～85 分为良好;60～69 为及格;60 分以下为不及格。

一、羽毛球中级水平个人基本技术考试内容与评分方法

羽毛球中级水平个人基本技术考试共 20 分,每项技评和达标各占 10 分。

(一)反手发网前球(见图 5-64)

(1)考试方法:反手发网前球,1 号区位、2 号区位各 5 个,一共 10 个球。

(2)考试区域:中线以外 0.4 米与发球线后 0.4 米围成的正方形为 1 号区位,单打边线以内 0.4 米与发球线后 0.4 米围成的正方形为 2 号区位。

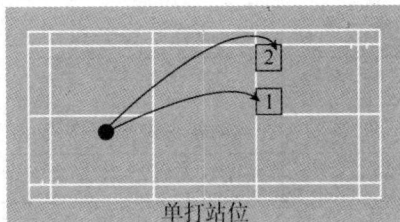

图 5-64　反手发网前球

(3)技评标准:以握拍、发力、击球的力度、球的飞行弧线、落点的稳定性以及规则要求评分。具体评分标准及分值如表 5-1 所示。

表 5-1　反手发网前球评分标准及分值

分　数	评分标准	备注
9～10	动作协调、手法正确、击球质量好、落点到位	
7～8	动作较协调、手法较正确、击球质量较好、落点较合理	
5～6	动作基本协调、手法基本正确、击球质量一般、落点基本合理	
3～4	动作不协调、手法不正确、击球质量差、落点不到位	
0～2	几乎不能完成	

(4)达标标准:测试者反手发 10 个球,球落在规定场区内为完成一次击球,一共 10 个球,每球 1 分,共 10 分。

（二）发高远球（见图5-65）

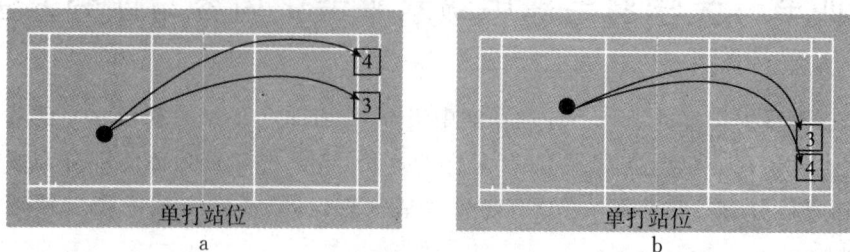

图 5-65　发高远球

（1）考试方法：发高远球，3号区位、4号区位各5个，一共10个球。

（2）考试区域：中线以外0.5米平行线与底线内0.5米平行线围成的正方形为3号区位，边线以内0.5米平行线与发球线后0.5米平行线围成的正方形为外角发球区。

（3）技评标准：以握拍、发力、击球的力度、球的飞行弧线、落点的稳定性以及规则要求评分。具体评分标准及分值如表5-2所示。

表5-2　发高远球评分标准及分值

分　　数	评分标准	备注
9～10	动作协调、手法正确、击球质量好、落点到位	
7～8	动作较协调、手法较正确、击球质量较好、落点较合理	
5～6	动作基本协调、手法基本正确、击球质量一般、落点基本合理	
3～4	动作不协调、手法不正确、击球质量差、落点不到位	
0～2	几乎不能完成	

（4）达标标准：测试者发10个球，球落在规定场区内为完成一次击球，一共10个球，每球1分，共10分。

二、羽毛球中级水平技战术基础知识考试内容与评分方法

（一）杀、上网

（1）考试方法：在后场杀对方打来的高远球，并上网搓、勾、推球。

（2）技评标准：以握拍、发力、击球的力度、球的飞行弧线、落点的稳定性以及规则要求评分。具体评分标准及分值如表5-3所示。

表5-3　杀、上网评分标准及分值

分　　数	评分标准	备注
9～10	动作协调、手法正确、击球质量好、落点到位	
7～8	动作较协调、手法较正确、击球质量较好、落点较合理	

续　表

分　数	评分标准	备注
5～6	动作基本协调、手法基本正确、击球质量一般、落点基本合理	
3～4	动作不协调、手法不正确、击球质量差、落点不到位	
0～2	几乎不能完成	

（3）达标标准：测试者正手杀球并上网回击球，球落在对方场区内为完成一次击球，10个球，每球1分，共10分。

（二）吊、上网

（1）考试方法：对方送高远球，吊网前球，并上网搓、勾、推球。

（2）技评标准：以握拍、发力、击球的力度、球的飞行弧线、落点的稳定性以及规则要求评分。具体评分标准及分值如表5-4所示。

表 5-4　吊、上网评分标准及分值

分　数	评分标准	备注
9～10	动作协调、手法正确、击球质量好、落点到位	
7～8	动作较协调、手法较正确、击球质量较好、落点较合理	
5～6	动作基本协调、手法基本正确、击球质量一般、落点基本合理	
3～4	动作不协调、手法不正确、击球质量差、落点不到位	
0～2	几乎不能完成	

（3）达标标准：测试者吊球并上网回击球，球落在对方场区内为完成一次击球，10个球，每球1分，共10分。

（三）横向移动

测试者（以右手持拍者为例）站在中线位置，听到指令（开表）后，采用交叉步法往右边移动，右手碰到球之后，以左脚为轴，往左边转，向左移动之后，右脚先落地，右手碰到球，再以左脚为轴往右转，如此反复进行5次，计时，10个球。具体评分标准及分值如表5-5所示。

表 5-5　横向移动评分标准及分值

分值	5次低重心移动	
	男	女
10	14 秒	16 秒
9	15 秒	17 秒

续　表

分值	5次低重心移动	
	男	女
8	16 秒	18 秒
7	17 秒	19 秒
6	18 秒	20 秒
5	19 秒	21 秒
4	20 秒	22 秒
3	21 秒	23 秒
2	22 秒	24 秒
1	23 秒	25 秒

三、羽毛球中级水平个人体能考试内容及评分方法(10 分)

(一) 2 分钟跳绳(5 分,见表 5-6)

表 5-6　2 分钟跳绳评分标准及分值

分数	次数	分数	次数	备注
10	350	5	260	
9	330	4	250	
8	310	3	240	2 分钟
7	290	2	230	
6	270	1	220	

(二) 有氧能力测试,项目为 800 米跑和 12 分钟跑,二选一(5 分,见表 5-7、表 5-8)

表 5-7　800 米跑评分标准及分值

分数	800 米	
	男	女
100	2 分 10 秒	2 分 30 秒
90	2 分 20 秒	2 分 40 秒
80	2 分 30 秒	2 分 50 秒
70	2 分 40 秒	3 分 00 秒
60	2 分 50 秒	3 分 10 秒
50	3 分 00 秒	3 分 20 秒
40	3 分 10 秒	3 分 30 秒

表 5-8　12 分钟跑评分标准及分值

分数	12分钟跑(米)	
	男	女
100	2800	2400
90	2600	2200
80	2400	2000
70	2200	1800
60	2000	1600
50	1800	1400
40	1600	1200

四、羽毛球中级水平技战术实战能力考试内容与评分方法(20分)

以比赛形式进行,看测试者是否有一定的进攻和防守能力,能够运用一些高级技术,如:假动作、勾对角、劈杀等;掌握一定的战术技能,知道如何调动对手寻找战机,知道如何调整战术和心态。

技战术评分:优 21~30 分;良 10~20 分;差 1~9 分。

五、羽毛球中级水平主要规则考试内容与评分方法(20分)

根据最新的羽毛球竞赛规则进行闭卷理论考试和场上裁判考试,以两项成绩相加来判定最终成绩。

思考题

1. 如何掌握反手发球,在突战中如何运用?

2. 羽毛球最基本的单打战术有哪些?

第六章　大学羽毛球高级水平教学指南

第一节　羽毛球高级水平技术与练习方法

一、网前球技术

将对方击来的网前球，轻轻一托或一击，球向上弹起后恰好过网下落，称为放网前球。这种技术通常是在不能及时移动到较高位置上击球而被动使用的，高质量的放网技术可变被动为主动，使对方处于被动状态。放网前球按其技术可分为正手、反手放网前球两种。

（一）网前搓球

网前搓球是指在网前利用手指、手腕力量切击球托，使球旋转翻滚过网的击球技术。搓球技术是在放网技术的基础上发展起来的，因它飞行轨迹异

> 搓球是将对方击至球网上半部的球，用斜拍面以搓、切等动作击出，使球在摩擦力的作用下旋转飞行，擦网而过，然后落至对方网前。

常，能给对方回球造成困难，从而增加进攻机会。根据搓球的方向不同，按其技术可分为正手和反手搓球两种。

1. 正手搓球（见图6-1）

动作方法：根据来球路线与落点，快速移动到合适的击球位置。侧身对网，重心在右脚，伸臂举拍时微屈肘。击球时，以肘关节为轴，前臂外旋，腕部由展腕至收腕"抖动"，加快挥拍速度，体现"搓切"的动作，击球的右下底部，使球翻滚过网，击球后还原成准备姿势。

2. 反手搓球（见图6-2）

动作方法：移动到位，反手握拍，前臂稍上举，手腕前屈至网高处，形成手背高于拍面。搓球时，主要是用小臂的外旋和手腕内收并外展的合力，搓击球托的右后侧底部，使球侧旋滚动过网，击球后，还原成准备姿势。

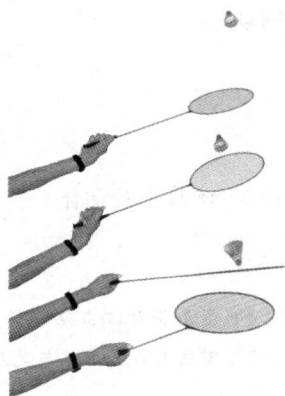

图 6-1　正手搓球

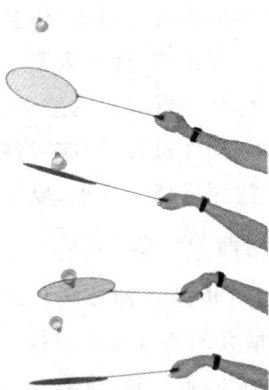

图 6-2　反手搓球

(二) 练习方法

(1) 原地搓小球挥拍练习：每组 10~15 次，一组之后交换任务，练习 2~5 组。

(2) 跨步击球练习：每组 10~15 次，一组之后交换任务，练习 2~5 组。练习过程中，要熟练和巩固正确的击球动作，掌握移动击球的衔接。击球时动作要小，加快挥拍的速度。

(3) 多球练习：一人站在网前抛网前球，一人练习搓球。每组 20 次，练 3 组。主要是为了提高原地搓球的稳定性，注意摩擦球托是在击球的瞬间。

(4) 定点对搓练习：与多球练习的方法相同，只不过加上了练习者搓球后回中的动作，然后反复上网搓球。继续稳定动作使之定型，提高移动击球的能力。

(5) 不定点搓球练习：一人站在网前的中间位置，将球向练习者的网前两点随机抛出，练习者上网搓球，然后回中。反复练习，注意快速上网的搓球点和快速退回中场的能力。

放网技术练习与搓网前小球的练习方法相同。徒手挥拍体会放网动作之后，先原地放网，然后定点移动放网，最后练两点移动放网。

(6) 易犯错误：

• 搓球部位不是球托底部或侧底部，球不旋转。

• 握拍时手心没空隙，击球时没有捻动动作。

• 击球动作过大，击球点不高且离网远。

(7) 注意事项：

• 握拍要放松，动作协调；

• 注意动作的幅度；

• 击球部位的正确性。

(8) 常见错误与纠正：

错误一：击球时，拍面后仰的角度不够。

纠正：练习用慢搓来回击对方的球，体会拍面后仰前送的动作。

错误二：击球瞬间没击到球托的正确位置，球不翻转。

纠正：和同伴练习对搓，体会拍面击球托的动作。

错误三：弹击球，握拍太紧，动作僵硬。

纠正：体会手臂放松的感觉。

错误四：动作过大，用前臂弹击球。

纠正：按照搓球的要求，反复练习搓球的动作，体验手腕动作。

（三）网前勾对角

网前勾对角是一种技巧性比较高的技术，它最大的特点就是身体的移动方向与出球方向不一致，具有一定的迷惑性和突然性的特点，是羽毛球网前技术中要求手法比较细腻的技术之一（见图 6-3）。

> 勾对角球是将对方击至前场区域的球，以对角线路回击对方并落至与之对应的前场区域。

勾球按其技术可分为正手和反手勾球两种。根据击球点所处的高低位置不同，一般分为网前高手位勾对角球和低手位勾对角球两种击球方式。

高手位主动击球时，可以突然使来球改变飞行的路线，从而迫使对方改变原来的移动方式。球路的突然变化往往能够出其不意，增大对方移动和还击的难度。

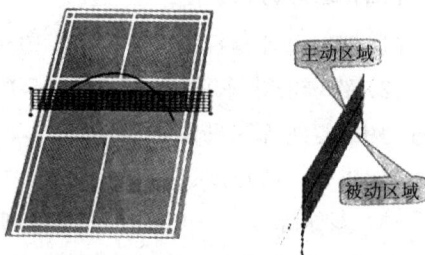

图 6-3　网前勾对角

低手位被动勾对角线时，往往能够达到"峰回路转"的效果，球的飞行轨迹避开对方网前的直线封网，避其锋芒，置己于死地而后生。

在比赛中灵活运用勾对角技术，通常用来对付场上直线移动速度较快但身体转动不够灵活的大个子对手。以下讲解均以右手持拍为例。

1. 正手勾球（见图 6-4）

动作方法：移动至右网前，球拍随上臂向右前方斜平举，同时前臂稍有外旋，手腕稍后伸，右手握拍将拍柄稍向外捻动，使拇指指腹贴在拍柄的内侧宽面，食指的第二指节贴在拍柄的外侧宽面上，掌心空出。击球时，靠前臂稍有内旋，并往左拉收，手腕由微伸至内收抖腕，手腕要控制好拍面角度，击球托的右侧下部，使球沿着网的对角飞行至对方网前角落，击球后还原成准备姿势。

图 6-4　正手勾球

2. 反手勾球(见图 6-5)

动作方法:移动至左网前,反手握拍,上臂前伸,球拍平举。击球时,拍面正对来球,肘部突然下沉,上臂稍外旋,手腕后伸闪腕,拇指与中指向右转动拍柄,其他手指突然握紧拍柄,拨击球托的左侧下部,使球飞越过网至对角处,击球后,球拍往右侧前回收至准备姿势。

勾对角线球的技术关键:伸腕或屈腕的动作要突然、短小、快速,使拍面对着出球方向。

图 6-5 反手勾球

(四)练习方法(正手勾球)

(1)过网高度练习:过网高度的控制可以用下沉手腕、直立拍头的方式实现。球飞行过网较高的话,将球拍角度调整得更直立,这样球过网飞行相对较平。如果击球点较低或球不过网,可以将球拍拍面上扬,使球飞行弧线高一些。

练习方法:不做引拍动作,球拍直立,多球练习,掌握勾球过网的高度。每组 20~30 次,每次练习 2~3 组。

(2)击球力度的练习:网前勾球的击球发力主要依靠手腕和手指来完成。手腕的挥拍动作主要是控制方向,球飞行的速度和飞行的距离主要依靠手指的发力。

练习方法:击球拍面控制稳定后,用手指的力量快速地推送击球。每组 20 次,练习 3 组。

(3)贴近球网练习:勾球落点越贴近球网,对手需要移动的距离就越长,回球的难度就越大。球拍击球时,拍面尽可能地垂直对网。

练习方法:球拍拍头垂直对网,拍头从右至左轻轻挥动。每组 20 次,练习 3 组。

(4)斜拍面切击练习:适当增加斜拍面的切击,可以使球加快自转速度,球飞行过网更加稳定。

练习方法:原地多球勾球练习。击球时,手腕增加外旋动作,使拍面切击球托的右外侧。每组 20 次,练习 3 组。

(5)固定目标反向瞄准练习:在距离勾球落点区域放置一个球筒为目标。

每次练习勾球后,在击球落点和球筒目标之间画上直线,并将直线延长到落点和球筒间的相同距离。在直线末端为新的击球目标。

练习方法:每组 20 次,练习 3 组。

(6) 常见的错误及纠正:

错误一:伸拍太直,没有将手腕下沉,球过网高度不稳定。击球时,球拍和击球点在一个水平面上,过网的高度控制依靠手腕的转动角度控制,球过网的高度就很难稳定。

纠正:引拍时,手腕下沉,使拍头向上。这样,球过网的角度相对容易控制。

错误二:击球时间不对。挥拍动作正确,但击球的时间不准确,击球拍面位置不正确,因此回球落点离球网较远,不能有效地调动对手。

纠正:提前引拍,将手腕下沉以后才挥拍击球。

(五) 练习方法(反手勾球)

1. 挥拍练习

结合正手勾球进行挥拍练习,熟练手腕的变化以及肘部动作的配合。

练习方法:正反手挥拍各 20 次,练习 3 组。

2. 多球勾球练习

原地多球勾球练习,能提高对拍面的控制,加强对力度的控制能力。

练习方法:正反手各 30 次,练习 3 组。

> 原理:我们掌握的动作都是理想状态下的动作,但实际击球时的击球点和击球拍面都不是很合理。因此在不改变动作的前提下,重新调整击球的目标,可能会找到适合你的击球动作。这就好像步枪的准星不准时,可以瞄准偏移的反向位置。

3. 勾、放结合练习

这两种都是前场技术,练习抢网动作的一致性。引拍和击球动作不同,通过交替技术练习,能提高手腕动作的灵活性,提高网前技术的快速变化。

练习方法:每组 20 次,练习 3 组。

4. 勾、挑结合练习

挑球技术是向前送,发力较大;勾球技术指向斜线,力量小。这是两种不同的动作;结合练习时,对力量的灵活掌控和对拍面的变化调整有较大的难度。一但熟练掌握,能使前场控球能力和球路变化有很大提高。

练习方法:开始的时候,交替练习一个挑球、一个勾球。熟练掌握后,可以根据喂球的质量来选择挑球还是勾球。每组 20 次,练习 3 组。

5. 注意事项

• 伸腕或屈腕动作要突然、快速、短小,拍面对出球方向。

• 引拍动作要放松自然,这样容易控制勾球的角度和勾球的力量。

• 引拍时,前臂和手腕要有外旋动作,否则容易被对方识破。

6. 常见的错误及纠正

错误一：大拇指推送,用正常的反手握拍,大拇指推送击球,球过网较远。

纠正：改变握拍的方法,用大拇指的内侧接触拍柄,击球时用大拇指内侧向右拨送发力击球。

错误二：手腕僵硬,击球时不能使用手腕和手指的动作,采用前臂的挥动击球,击球力量和落点控制不稳定。

纠正：手腕放松,击球时采用手指的发力方式。

错误三：切击球错误,勾球时,不是每个球都要切击。在击球点远离球网时切击勾球的话,落点就不好控制了。

纠正：近网勾球时可以采用切击,远网勾球时手腕外旋击球。

二、反手击球技术

(一) 反手击后场

1. 动作方法

当球飞向左场区的底线附近,判断来球的方向和落点,迅速移动到位,右脚前交叉跨到左侧底线附近,背对网,

> 提示：在左后场用反拍面击球,反拍面击球的技术动作较难,击球威力不如正拍面大,落点也不易控制。

重心移至右脚上,使球处于右肩的前上方。肘部上抬略高于肩,拍面朝上。击球时,以肘关节为支点,前臂带动手腕,通过手腕的抖动和拇指的侧压,自下而上地甩臂将球击出。同时左脚支撑右脚蹬跨回收,使整个击球动作协调而又自然反弹。击球后,顺势转体面向球网,迅速返回中心位置,准备还击。具体见图6-6。

图 6-6　反手击后场

2. 反手击高远球练习方法

• 按反手击高远球动作要领,做徒手挥拍练习。

• 两人对墙站立,做反手击高远球练习。一人将球向上击起,另一人配合步法用反手球动作将球击至墙上。

• 两人定点对练,逐渐增加难度。

3．注意事项

- 步法，身体重心移动到位，身体协调用力。
- 以肩为轴从右前向左"横扫"。
- 前臂和手腕发力应一致，充分发挥前臂和手腕力量。

4．易犯的错误

- 身体不能及时调整或转体慢，击球点过低。
- 不能正确掌握击球点，造成"抽鞭"式击球力量没能运用到击球上。
- 不能以肩为轴做大臂带动小臂的"抖"腕动作，影响挥臂幅度与力量。
- 随前动作时，击球后转体回动太慢，造成回中心的速度太慢。

（二）反手吊球

1．动作方法

反手吊球准备动作与反手击高远球相同。只是击球时，握拍的方法、拍面的掌握和力量的运用有所区别。吊直线球时，用球拍反面切削球托的后中部将球击出，落点在对方场区前发球线附近，吊斜线球时，用球拍反面切削球托的左侧部将球击出，落点在对方左场区前发球线附近。具体见图6-7。

图 6-7　反手吊球

2．练习方法

- 按正确的吊球动作要领，反复做徒手的挥拍练习。
- 原地向上击球后，做吊球练习。
- 两人一组隔网站立，一人发高远球，一人将球吊回对方场区。
- 两人一组隔网站立，一人练习吊球，一人将球挑至对方场区。

3．注意事项

- 击球时要尽可能提高击球点，如果击球点过低，容易造成球下网。
- 手腕用力要柔软而有弹力。
- 击球前期动作同击高球动作相一致，不让对手识破来球的落点。
- 吊过网的球过高，容易给对方造成反击的机会。
- 反手后场吊球击球时应稍有前推的动作，否则球不易过网。
- 反手后场吊球击球瞬间，后拍面与水平面的夹角应大于90°角。

第二节　羽毛球高级水平单打战术

一、对角路线的进攻战术

不论是进攻或防守,前场或后场,都以回击对角路线来组织战术。特别是当对方打直线球时,我方以对角路线回击之,迫使对方球员在移动中多做转体,造成对方移动困难而被动,为我方创造进攻机会。

> 羽毛球战术,是指运动员在比赛中为表现出高超的竞技水平和战胜对手而采取的计谋和行动。

二、三角路线的进攻战术

采用这种战术的原则就是当对方回击直线球时,我方就打对角球,反之,对方回击对角球时,我方就打直线球。

> 战术的特点是可以使对方移动的距离最远,难度较大,只要能准确地判断对方回球的路线,采用"三角路线"是一种较有效果的进攻战术。

三、平高球压低线战术

用快速、准确的平高球打到对方后场两角,在对方不能拦截的前提下尽量降低球的飞行弧线,把对方紧压在底线,当对方回击半场高球时,就可以扣杀进攻。使用平高球压低线时,如配合劈吊和劈杀可增加平高球的战术效果。

> 这种战术用来对付初学者和后退步法较慢、后场技术较差或击球后急于上网的球员较为有效。

一般情况下,平高球的落点和杀、吊的落点拉得越开越好(见图6-8)。例如:甲方以平高球压乙方正手和反手两底角,配合吊、杀两边。

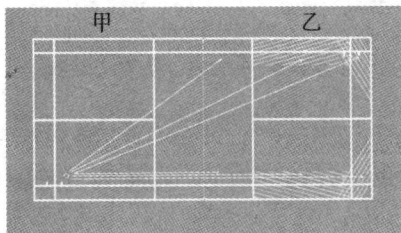

图6-8　平高球压低线

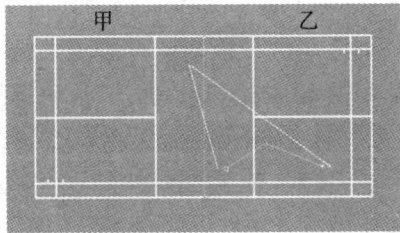

图6-9　拉、吊结合杀球

四、拉、吊结合杀球战术

此战术是将球准确地打到对方场区的四个角上,使对方每次击球都要在场上来回奔跑。使用这种战术时,对不

> 如能熟练地使用平高球、劈吊和网前搓、推、勾技术,快速拉开对方,伺机突击扣杀,则这一战术能收到更好的效果。

同特点的对手要采用不同的拉、吊方法(见图 6-9)。

对后退步法慢的可以多打前、后场;对盲目跑动满场飞的可以使用重复球和假动作;对灵活性差的应多打对角线,尽量使对方多转身。例如,乙方在左网前勾对角,回中心慢了,正手后场出现了空档,这时甲不一定推直线,可以推对角,看球似乎是离乙近了,但乙还要及时转身,加大了动作难度。

对后场反手差的人可通过拉开后攻反手;对体力不好的可用多拍拉、吊消耗其体力。

五、过渡球战术

过渡球是为了摆脱被动,为下一拍的反攻积极创造条件,怎样转被动为主动是比赛中重要一环。

被动时要做到:

• 争取时间调整好位置和控制身体重心,从网前或后场底线击出高远球是被动时常用的手段。

• 打高远球,可以赢得时间,恢复中心位置。

• 利用球路变化打乱对方的进攻节奏。

• 在接杀球或接吊球时要将球还击到远离对方位置的地方,以破坏对方吊、杀上网的连续快速进攻。

• 如果对方吊、杀后盲目上网,而自己位置较好时,则可以把球还击到对方底线。

六、先守后攻战术

这一战术是对付喜欢进攻而体力又差的对手。比赛开始,先以高球诱使对方进攻,在对方只顾进攻疏于防守时,立即突击进攻;或在对方体力下降、速度减慢时再发动进攻。

七、四方球战术

羽毛球的一种基本打法。主要通过后场的高远球、扣杀、劈杀、吊球等技术,先发制人,然后快速上网以搓、推、

> 四方球战术对场上步法移动较慢、回球质量和体力较差的选手尤为有效。

扑、勾等技术,高点控制网前,导致对方直接失误,或被动击球过网,被进攻队员一举击败的一种打法,也称"杀上网"的打法(见图 6-10)。

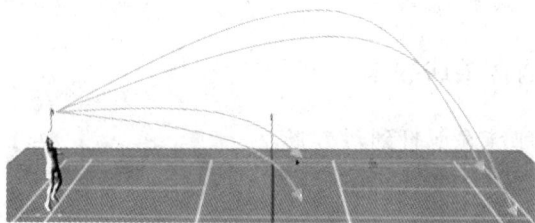

图 6-10　四方球战术

这种打法是进攻型的打法,能够快速上网高点控制网前,速度耐力和力量耐力也要求较高。它要求运动员本身有较强的控制球能力和快速、灵活的移动步伐及较强的进攻能力。这种打法体力消耗较大,如果碰上防守技术好的对手,体力就往往成为成败的关键因素。

第三节　羽毛球高级水平双打战术

双打比单打每方增加一名队员,场地宽度仅增加 92 厘米,接发球区比单打缩短 76 厘米。双打从发球开始就形

> 双打的关键是两名队员配合默契,相互信任,打法上攻守衔接及站位轮转协调一致。

成短兵相接的局面。由于都加强了进攻和防守,要求运动员技术全面,能攻善守,反应灵敏。特别是对发球、接发球、平抽、挡、封网、扑、连续扣杀、接杀挑高球及防守反击等诸多技术,要求更高。

一、发　球

因双打的后发球限制线比单打短,在双打中如果发高远球,接发球方容易扣杀,直接争取主动,同时又较少有后顾之忧。因此,站位压在靠近前发球线处,可对发球者造成很大的心理和技术上的威胁。

(一) 发球站位

根据对方站位、站法来决定发球战术。目前接发球的站位法有四种:一般站位法、抢攻站位法、稳妥站位法和特殊站位法。

> 发球质量、路线的配合、弧线的制造、落点的变化对整个双打比赛的胜负具有决定作用;双方水平相当,胜负取决于发球质量。

1. 一般站位法

一般站位法的特点是站在离中线和前发球线适当的位置,其目的是以稳为主,保护后场,对前场以推、搓、放半场为主的处理办法。

发球办法:以发近网 1、2 号位为主,使对方不能集中精力于一点,因对方由于受接发球的影响,不能打出较凶狠的球,这时主被动权取决于第三拍的回球质量。

2. 抢攻站位法

抢攻站位法的特点是站位很近发球线,身体倾斜度较大,目的是要进行抢攻,威胁对方,以扑球、跳杀为主来处理接发球,此种站位法以男队进攻型打法的队员采用较多。

发球办法:首先要判断对方站位的目的,是要进行抢攻,还是要防守等,判断准确后才能采用各种发球手段来对付。我方发球应以质量为主,结合时间差,假动作,达到破坏对方想抢攻的目的。

3. 稳妥站位法

稳妥站位法的特点是站位离发球线远一些的位置上,身体成站立式(倾斜度较小)。这种站位法要求把球发过去,是进攻意识较差的一种过渡站位法。

发球办法:不要发高球,以网前球为主,因对方站位消极,起动慢,发近网球,有利于第三拍的反攻。

4. 特殊站位法

一般站位以右手握拍为例,都以左脚在前、右脚在后,但特殊站位法改变为右脚在前、左脚在后。这种站法一般以右脚蹬跳击球,不论是上网或后蹬均以一步蹬跳击球。

发球办法:当你还不了解对方改变站法的目的及优缺点时,要以我为主发球,尽快掌握对方的目的及优缺点,从而制定有效的发球战术。

(二) 发球路线

发球路线和落点的选择需注意如下几点。

> 发球路线和落点的选择要点:
> (1) 调动对方站位,破坏对方打法。
> (2) 避实就虚,抓住对方弱点发球抢攻。
> (3) 发球要有变化。

1. 调动对方站位,破坏对方打法

如对方甲、乙两名队员站成甲在后、乙在前的进攻队形,在发球给乙时可以后场为主结合网前,而发球给甲时却要以发网前为主结合后场,这样,从发球起就阻挠了对方调整站位。

2. 避实就虚,抓住对方弱点发球抢攻

首先要看接发球者的站位,如果他紧压网前站在网前内角位,可用发网前与后场动作的一致性发球到对方后场外角位;如对方离中线较远,则可发平快球突袭后场内角位;对接发球路线呆板、变化少的,可针对这种情况发球后抢封角度突击。

3. 发球要有变化

发球时,网前要和后场配合,网前的内角、外角,底线的内角、外角的配合,使对方首尾难以兼顾,多点设防,疲于应付;在发球的弧线上也要有变化。这样,接球方就难以摸到发球方的规律。

4. 发球时间的变化

接发球方在准备接发球时,思想虽然高度集中,但因受到发球方的牵制,要等球发出后才能判断、启动、还击。所以,发球动作的快、慢应在规则允许范围内有所变化,不要给接球方掌握规律。

5. 发球时心理的影响

在双打比赛中,有时会出现发球失常。其原因,一个是发球技术不过硬;另一个原因则是受接发球者的影响。由于接球者站位逼前,扑、杀凶狠且命中率较高,或比分正处于关键时,心情紧张,造成手软而影响发球质量。遇到这种情

况,首先要沉住气,观察接发球者的动向,接发球的路线和规律,提高发球质量,增强还击第三板的信心。另外,发球的路线要善变且无规律,真真假假、虚虚实实,这样就会减少不必要的顾虑,发球质量也会稳定下来。

二、接发球

接发球虽然受发球方的牵制,属于被动等待,但由于规则对发球做了击球点不能过腰、球拍上沿须明显低于手、动作必须连续向前挥动(不能做假动作)等限制,所以使发球者发出的球不能具有太大的威胁。接发球方如果判断准确,启动快、还击及时,就能在对方发球质量稍差时采用杀、扑得手来取得主动;反之,也会因接发球失误或还击不利使自己陷入被动。

> 接发球的战术一般是根据对手发球的落点来选择。

(一)接发网前球

(1)无论内角位还是外角位的网前球,接发球质量的关键是抢到球飞行过程中的最高点。一般可以扑或者轻压对方的两腰(即对方的两边中场),逼迫对方起球,也可以扑压对方的身体。可以用搓放网前或勾对角等网前小球的处理方式。

(2)推压两个底角也是很好的选择,可以大范围调动对手,以更有效地攻击对手。

(3)接发内角位网前球时,主要以扑或轻压对方两边中场及发球者身体为主要攻击点,配合网前搓、勾等其他线路。

(4)接发外角位网前球时,除了以上打的位置外,还可以平推对方底线两角以调动对方一名队员至边角,扩大对方另一队员的防守范围。

(二)接发后场球

(1)接发后场球以杀球为主,最好是攻击发球队员,杀追身球,因为这时发球队员一般是在移动中,而且持拍方式不是最佳防守方式。

(2)如果没有能够判断出对方的球路而没有及时启动,最好用平高球打到对方的两个底角。特别被动的情况下要用高远球尽量把球打到对方的后场,进行防守。

(3)一般来说,发球一方发出高球后,都会后退来做防守的准备,这时可以突然吊发球队员的对角线,经常会有不错的效果。

(4)接发内角、外角位后场球时,应以发球者为攻击点,力争扣杀追身球;如启动慢了,可用平高球打到对方底线两角。一般发球者在发后场球后,后退准备接杀的情况居多,这时可用拦截吊球,落点可选择在发球者的对角。

(5)除了按照对方的发球方式来选择接发球战术之外,还可以针对对方的特点来选择接发球的方式。如:对方的攻击力不足,可以直接挑球到两个底角;

对手的反手能力较差,可以推压对方的反手底线等。

三、基本战术

(一)攻人战术

这是一种经常运用的战术。当发现对方有一人的防守能力或心理素质较差,失误率比较高或防守时球路单调,可采用这种战术,把球进攻到这个较弱者的一边。

战术要点:

• 攻人战术可以集中优势兵力以多打少,以优势打劣势,造成主动得分;有利于打乱对方防守站位。

• 另一个不被攻的人,因无球可打,站位会偏向同伴,形成站位上的空档,有利于我方突击另一线而成功。

(二)攻中路战术

1. 守方左右站位时把球打在两人的中间(见图6-11)

守方左右站位时将球打在两人中间,可以造成守方两人抢球或同时让球;限制守方在接杀时挑大角度的球路,因打对方中路,对方回球的角度也小,有利于攻方的封网。

> 攻中路战术可以造成守方两人抢接一球或同时让球,彼此难以协调;网前队员封网的难度小。

2. 守方前后站位时把球下压或轻推在边线半场处(见图6-12)

这种战术多半是在接发网前球和守中反攻抢网时运用。这种球守方前场队员拦截不到,后场队员只能以下手击球放网或挑高球,后场两角便会露出很大空档,因而攻击他的空档或身体位置。

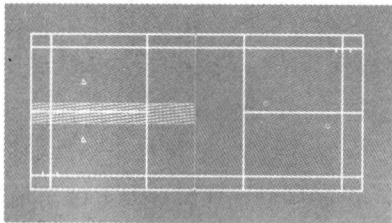

图6-11 攻中路战术(左右站位)

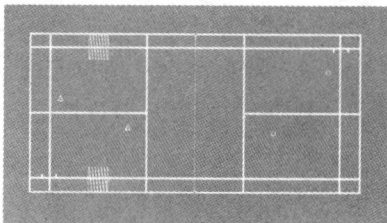

图6-12 攻中路战术(前后站位)

(三)攻后场战术

遇到对方后场扣杀能力差的对手,可采用平高球、接杀挑高球等战术,迫使对方一人在底线两角移动。一旦其

> 攻后场战术常用来对付后场扣杀能力较差的对手,或将对方弱者调动到后场后使用。

还击被动时,可大力扑杀;如另一对手后退补防时,可攻网前空档或打后退者的追身球。

（四）攻直线战术

杀球路线和落点均为直线，没有固定的目标和对象，只依靠杀球的力量和落点来得分。当对方的来球靠边线时，攻球的落点在边线上；当对方的来球在中间区时，就朝中路进攻。

（五）后攻前封战术

后场队员积极创造机会大力扣杀，在对方接杀放网、挑高球或企图反击抽挡时，前场队员以扑、搓、推、勾控制网前，

> 攻直线战术在使用上容易，杀边线球难度高一点，但效果好，便于网前同伴的封网。

或拦截吊封住前场，使整个进攻连贯而又凶狠有节奏变化，迫使对方防不胜防。

（六）守中反攻战术

防守时，对方攻直线球，我方挑对角平高球；对方攻对角球，我方挑直线平高球，以达到调动对方移动的目的；然后可采用挡或勾网前的战术，可以很快获得由守转攻的主动权。

1. 防守要点：调整站位
- 为摆脱被动，转入反攻，首先要调整好防守时的站位。
- 如果是网前挑高球，击球者应直线后退，切忌对角后退。
- 直线后退路线短、站位快、对角后退路线长，易被对方打追身球。
- 另一名队员应根据同伴移动后的情况补空档位。

2. 防守要点：防守球路
- 攻方杀球者和封网队员在半边场前后一条直线上，接杀球应打到另半边前场或后场。
- 攻方杀球者和封网者在前后对角位上，接杀球可还击到杀球者的网前或封网者的后场。
- 攻方杀球者杀对角后，另一名队员想要退到后场去助攻时，接杀球时可以还击到网前中路或直线网前。
- 把攻方杀来的直线球挑对角，杀来的对角球挑直线以调动杀球者。

第四节　羽毛球高级水平战术的练习方法

一、固定球路练习

把几项击球技术根据战术要求组织起来，反复练习。这种方法是把基本技术训练与战术训练结合起来，由于是固定球路，重复的次数就多，能使动作

> 初学者一般采用固定球路练习方法掌握简单的战术球路，但这种练习方法必须与其他方法配合进行。球路的组合可以有很多，注重实战意义。

连贯和提高击球质量。

（一）高、吊配合练习

1. 直线高球对角练习法（见图6-13）

练习双方均可同时练习直线高球和对角吊球、上网放网和直线挑高球，甲方回击一直线高球，乙方回击直线高球；甲方回击一直线高球，乙方吊一对角球；甲方放一直线网前球，乙方挑一直线高球；甲方回击直线高球，乙方再回击一直线高球；甲方吊一对角线球，乙方放一直线网前球；甲方挑一直线高球，回复至开始。或将几项基本技术综合在一起练习，由于球路固定，失误会减少，是提高和熟练高吊基本技术的一种方法。发球者也可从左边发球，顺序也是一样的。

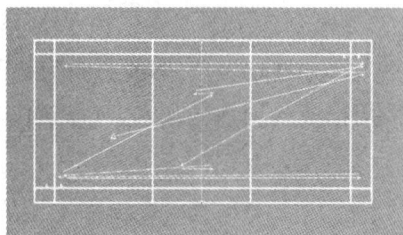

图6-13　直线高球对角练习

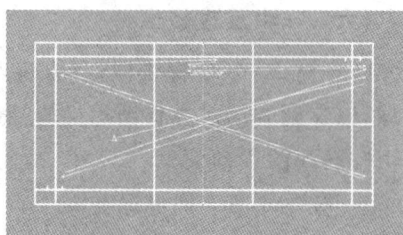

图6-14　对角高球直线吊球练习

2. 对角高球直线吊球练习法（见图6-14）

甲方由右场区发高远球，乙方回击对角高球；甲方也回击一对角高球，乙方吊一直线球；甲方放一直线网前球，乙方挑一直线高球；甲方回击一对角高球，乙方再回击一对角高球；甲方吊一直线球，乙方放一直线网前球；甲方挑一直线高球，乙方回击对角高球，反复进行下去。发球者也可从左边发球，顺序也一样。

3. 对角高球对角吊球练习法（见图6-15）

甲方从右场区发高远球，乙方回击对角高球；甲方吊对角线球，乙方挑直线高球；甲方回击对角高球，乙方吊对角线球；甲方挑直线高球，反复进行下去。发球者也可从左边发球，顺序也是一样的。

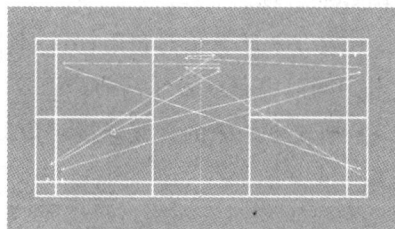

图6-15　对角高球对角吊球练习

（二）高、杀配合练习

1. 直线高球和杀对角球练习法

练习者双方均可同时练习直线高球和对角杀球，以及挡球和挑球，具体球路与直线高球对角吊球一样（见图6-16）。如发球者从左边发球，球路也一样。

2. 对角高球直线杀球练习法

具体球路与对角高球直线吊球一样。

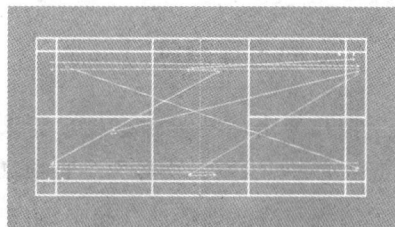

图6-16　直线高球和杀对角球练习

3. 对角高球对角杀球练习法

具体球路与对角高球对角吊球一样。

(三) 吊、杀配合练习法

1. 吊直线杀对角练习法（见图 6-17）

发球者由右区发高球，练吊杀者先吊直线球，对方接吊挑直线球，练习者杀对角球。这样练习一方可练吊杀，练习一段时间后交换，双方均可练到吊杀和接吊杀。

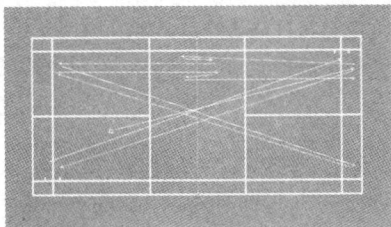

图 6-17　吊直线杀对角练习

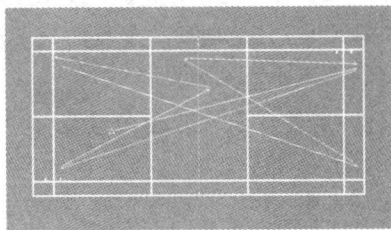

图 6-18　吊对角杀直线练习

2. 吊对角杀直线练习法

球路如图 6-18 所示。

3. 吊直线杀直线练习法

球路如图 6-19 所示。

4. 吊对角杀对角练习法

以上列举的均以挑球一方以挑直线球为例，如果挑球一方挑对角球。那么具体的固定球路又有不同（见图 6-20）。总之，固定球路可根据练习需要设定，以上列举的只是其中几种，可根据练习需要改变练习方法。

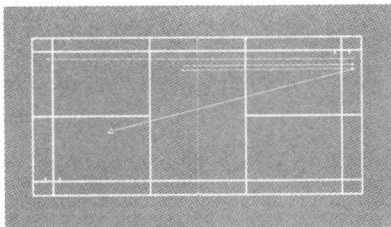

图 6-19　吊直线杀直线练习

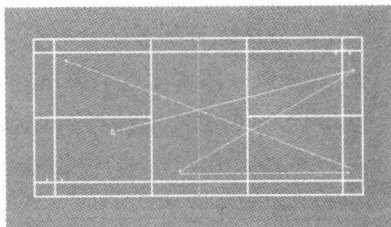

图 6-20　吊对角杀对角练习

二、不固定球路练习

(一) 不固定高吊练习法

这是一种综合高吊练习的高级阶段，主要是采用"二点打四点"或"四点打二点"；练习者主要是站自己球场中心点上向左右后场两边移动，采用高球或吊球控制对方，而对方只能回击到练习者一方后场的两边。

（二）不固定高杀练习法

1. 高杀对接高杀练习法

练习高杀者可任意打高球（如平高球、平快球），一般超过三拍，结合杀球。如对方打高球，接球方也用高球还击；如对方杀球，可挡直线或对角网前，练习者可上网放网，接高杀者再挑至底线高球。反复练习，这种练习一方是采用高杀进攻，一方是接高杀全场防守。一段时间后再交换练习。

> 不固定高吊练习作用：
>
> 一是训练快速移动接高吊的能力；
>
> 二是对二点打四点高吊的练习者，主要是练习高吊手法一致性；
>
> 三是对四点打二点接高吊的练习者，练习控制全场能力，可提高快速判断，控制对方底线及全场的快速移动能力。

2. 高杀对高杀抢攻练习法

双方均可采用高球或杀球练习，这是一种强攻练习法，不但练高杀技术也练抢攻意识。

（三）不固定吊杀练习法

1. 吊杀对吊杀练习法

练习吊杀者可任意打吊或杀，如对方打吊球，接吊杀者要回击高球；如对方打杀球，可挡直线或勾对角球，此时，练习者上网放网，接吊杀者再挑高球，反复练习，这种练习一方是练习吊杀上网进攻，另一方是练接吊、接杀防守练习，过一段时间后交换练习。

2. 吊杀对吊杀抢攻练习法

双方均可采用吊球或杀球，这是一种抢攻练习法，不但练吊杀技术也练抢攻控网意识，是一种高水平的进攻练习。

（四）高吊杀综合练习法

采用高吊杀综合练习是针对已达到较高水平的练习者，故不必采用固定球路的练习，一般采用不固定球路练习。在形式上可采用如下几种办法。

1. 半边场地高吊杀综合练习法

在半边场地上进攻一方以高球（平高球或平快球）、吊球和杀球进攻，防守方以挡、挑、放网来防守，这样，一方练进攻技术，一方练防守技术，由于场地范围小，便于防守和进攻。因此，初学者常采用这种练习法。

2. 全场高吊杀对接高吊杀练习法

一方练高吊杀，另一方接高吊杀，难度和强度均较大。这种练习法，基本接近实战练习。练习进攻时可用高球、平高球、吊球、劈吊球、杀球、抽球，在网前可用放网球、搓球、推球、勾球。而接高吊杀者可练习防守高球、挑球、挡球、勾球，全部基本技术都可练习到，因此是一种最好的综合技术练习法。

3. 高吊杀对攻练习法

双方均可采用高吊杀、抽、推、勾控制对方，而对方则应防守反攻，因此，是一种难度和强度均较大的攻守练习。

三、多球战术训练法

（一）多球练习法

练习者双方均可取 2～4 只球，当失误时，不用去拣球，而将手中的球再发出去，以增加练习时间和击球次数，是一种增加强度和密度的练习方法，适用于单、双打练习。

（二）多球练习法

练习者可一人或两人，取一箱球（300～400 只）采用多球练习，可根据练习的要求，采用不同的路线、速度和组数、个数，由教师发多球给练习者练习。当一人练完一组后，可休息一段时间，换另外一名练习者练习，这种多球练习法是增加难度和强度的一种好方法。为了保证有一定密度，练习者最多不超过 5 人一组，最好是 3～4 人一组。双打练习也常采用多球练习法。

四、多人陪练练习法

这种练习法在单打中一般较多采用二对一的陪练法，这对提高练习的难度、强度和密度均有好处，如二陪一进行高吊、高杀、吊杀、高吊杀等练习都能收到较好的效果。在双打中常采用三对二练习攻守，甚至增加至四对二、三对二的进攻，两人练习方为防守方，是一种提高防守能力的练习方法。

（一）二一式前后站位陪练法

两人一前一后站位进行进攻，一人防守。后场的进攻者采用高吊杀等技术进攻，前场的进攻者以搓、推、勾等技术进攻，这样可以加强进攻的速度和难度，是提高个人防守能力的一种练习法。

（二）二一式左右站位陪练法

这是一种既适合于练进攻，也适合于练防守的练习法。一人进攻时要按战术线路要求进攻，两人分边各负责自己半场区的防守。两人进攻时也要按照战术意图进行，不能盲目乱打，而且还击的速度要适合单打的节奏及路线。

（三）二一式对攻陪练法

这是一人对两人的战术练习法，对抗双方在单打场区内采用自己所掌握的各种战术与技术，组织各种球路有意识地在场上进行互相争夺主动的控制与反控制的练习。

（四）三二式前后站位陪练法

一方为三人（一前二后），一方为两人，主要练习两人这一方的双打防守及转攻的战术意识，对提高双打防守己方转攻的能力很有好处。

第五节 大学羽毛球高级水平考试内容与评分方法

一、羽毛球高级水平个人基本技术考试内容与评分方法

（一）考核内容

正手直、斜线杀球（30％）。具体见图 6-21。

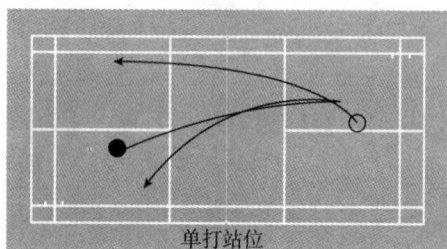

图 6-21 正手直、斜线杀球

（二）考试方法

（1）教师或同伴供中场稍偏后位置的高球、半高球，在尽可能的高点杀球到对方场内；击球要遵循击球规则，且球离拍后对下飞行为有效。

（2）5 个连续的杀直线，再连续 5 个杀斜线；每人 1 次机会。

（三）考核内容

吊球（30％）。具体见图 6-22。

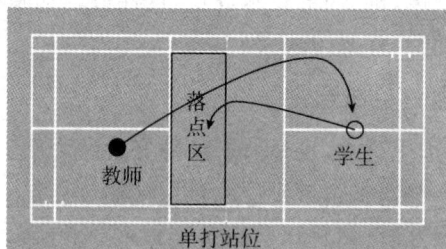

图 6-22 吊球

（四）考试方法

（1）教师或同伴发后场高远球，在尽可能的高点将球击到对方的网与前场发球线之间场内。

（2）击球要遵循击球规则，且过网时不得超过网 30 厘米为有效球。

（3）每人连续 5 个正手位，再连续 5 个反手位；每人 1 次机会，累积计分。

（五）评分标准（见表 6-1）

表 6-1　个人基本技术考试评分标准

次数	4	5	6	7	8	9	10	技术	总分
得分	2	3	4	5	6	8	7	30	积累

（六）考核内容

体能 30%。

（七）考核内容

学习态度 10%。

二、比赛与裁判员考试内容与评分方法

（一）考核内容

（1）教学比赛（40%）。

（2）裁判（20%）。

（3）体能 30%。

（4）学习态度（10%）。

（二）考试方法

两人一组实战比赛；裁判两名。具体评分标准见表 6-2。

表 6-2　比赛与裁判员考试评分标准

分值标准	60分以上	70分以上	80分以上	90分以上
教学比赛评分标准	技术动作不规范，运用不够正确，战术能力、意识一般，击球方法选择得不太合理，比赛作风不顽强	技术动作及运用基本正确，战术能力、意识一般，击球方法选择一般，比赛作风一般	技术动作规范，运用基本正确，战术能力意识较好，击球方法的选择比较合理，比赛作风顽强	技术动作规范，运用正确，战术能力意识好，击球方法选择合理，比赛作风顽强
裁判评分标准	基本掌握比赛规则，判罚不是很及时，没有原则性错误，比赛能正常进行	基本掌握比赛规则，判罚能及时，没有原则性错误但对重发球的掌握不是很好，比赛能正常进行	较好地掌握比赛规则，判罚能及时，没有原则性错误，但对不常见的规则掌握得不是很好。比赛能正常进行	很好地掌握比赛规则，判罚能及时，没有原则性错误，对规则的理解很好，判罚合理公正，比赛能正常进行

竞赛篇

JINGSAI PIAN

第七章 羽毛球竞赛规则与裁判法

◎**本章导读** ···

　　本章主要介绍羽毛球竞赛规则、羽毛球裁判法。羽毛球竞赛规则是指导羽毛球运动竞赛的法律性文件，以确保比赛顺利进行，并且使羽毛球比赛更加紧张、激烈，增强观众的观赏乐趣，同时提高他们的欣赏能力。裁判方法是临场裁判工作时的方法、技巧及原则，以保证比赛有序、公平、公正地进行。

第一节 羽毛球竞赛的主要规则

一、定义、比赛场地及设施

（一）定义

　　（1）运动员：参加羽毛球比赛的人。

　　（2）一场比赛：由双方各一名或两名运动员进行的比赛，是羽毛球比赛决定胜负的基本单位。

　　（3）单打：双方各一名运动员进行的比赛。

　　（4）双打：双方各两名运动员进行的比赛。

　　（5）发球方：有发球权的一方。

　　（6）接发球方：发球方的对方。

　　（7）回合：自球被发出至死球前的一次或多次连续对击。

　　（8）一击：运动员试图击球的一次挥拍动作。

（二）比赛场地

　　（1）场地应是一个长方形，用宽40毫米的线画出（见图7-1）。

　　（2）线的颜色应是白色、黄色或其他容易辨别的颜色。

　　（3）所有的线都是它所界定区域的组成部分。

　　（4）从场地地面起，网柱高1.55米。当球网被拉紧时网柱应与地面保持垂直。

　　（5）不论是单打还是双打比赛，网柱都应放置在双打边线上。网柱及其支撑物不得延伸进入除边线外的场地内。

　　（6）球网应由深色优质的细绳编织成。网孔为均匀分布的方形，边长15～20毫米。

（7）球网上下宽 760 毫米，全场至少 6.10 米。

（8）球网的上沿是用宽 75 毫米的白带对折成的夹层，用绳索或钢丝从中穿过。夹层的上沿，必须紧贴绳索或钢丝。

（9）绳索或钢丝应牢固地拉紧，并与网柱顶取平。

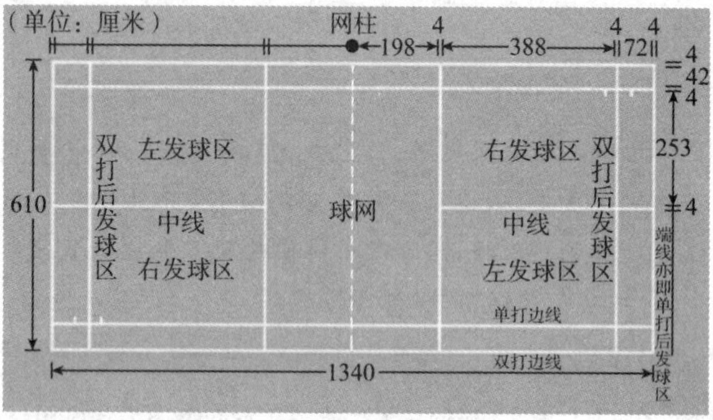

图 7-1　比赛场地

（10）从场地地面起至球网中央顶部应高 1.524 米，双打边线处网高 1.55 米。

（11）球网两端与网柱之间不应有空隙。

注：

（1）双打场地对角线长 14.723 米，单打场地对角线为 14.366 米。

（2）以上所示的场地图适用于单、双打比赛。

（三）比赛设施

1. 羽毛球

（1）球可由天然材料、人造材料或其他混合制成。无论是何种材料制成的球，飞行性能与由天然羽毛和薄皮包裹软木球托制成的球的性能相似。

（2）天然材料制成的球有如下特点：

• 球应有 16 根羽毛固定在球托上。

• 每根羽毛从球托面至羽毛尖的长度，统一为 62～70 毫米。

• 羽毛顶端围成圆形，直径为 58～68 毫米。

• 羽毛应用线或其他适宜材料扎牢。

• 球托底部为球形，直径为 25～28 毫米。

• 球重 4.74～5.50 克。

（3）非天然材料制成的球有如下特点：

• 球裙由合成材料制成的仿真羽毛代替天然羽毛。

• 球托底部为球形，直径为 25～28 毫米。

• 球的尺寸和重量同上，但因合成材料与天然羽毛在比重、性能上的差异，允许有不超过 10% 的误差。

• 在因海拔或气候等条件不宜使用标准球的地方,只要球的一般式样、速度和飞行性能不变,经有关会员协会批准,可以变通以上规定。

2. 球速的检验

(1) 验球时,运动员应在端线外用低手向前上方全力击球。球的飞行方向应与边线平行。

(2) 符合标准球速的球,应落在场内距离对方端线外沿 530～990 毫米之间的区内(见图 7-2)。

3. 羽毛球拍

(1) 球拍的构成

• 球拍长不超过 680 毫米,宽不超过 230 毫米,由拍柄、拍弦面、拍头、拍杆、连接喉部分构成(见图 7-3)。

• 拍柄是击球者通常握拍的部分。

• 拍弦面是击球者通常用于击球的部分。

• 拍头界定了拍弦面的范围。

• 拍杆通过连接喉,连接拍柄与拍头。

• 连接喉(如有)连接拍杆与拍头。

(2) 拍弦面

• 拍弦面应是平的,用拍弦穿过拍头十字交叉或其他形式编织而成。编织的式样应保持一致。尤其是拍面中央的编织密度不得小于其他部分。

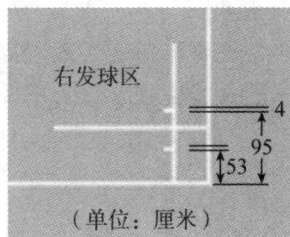

图 7-2　球速的检验

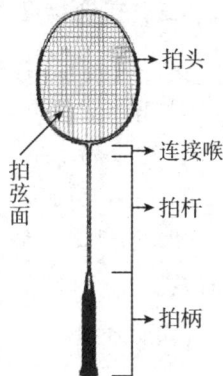

图 7-3　球拍

• 拍弦面长不超过 280 毫米,宽不超过 220 毫米。拍弦可延伸进连接喉区域。

• 伸入拍弦区域的宽不得超过 35 毫米。

• 包括这个区域在内的拍弦面总长不得超过 330 毫米。

(3) 球拍

• 球拍不允许有附加物和突出部分,除非是为了防止磨损、断裂、振动或调整重心的附加物,或预防球拍脱手而将拍柄系在手上的绳索,但其尺寸和位置必须合理。

• 球拍不允许有附加任何可能从根本上改变球拍形式的装置。

二、羽毛球比赛基本规则

(一) 挑边

(1) 比赛开始前应挑边,赢方将在①、②中做出选择。

① 先发球或先接发球。

② 在一个半场区或另一个半场区比赛。

(2) 输的一方,在余下的一项中选择。

（二）记分方法

(1) 除非另有规定（"礼让比赛"和"其他计分方法"），一场比赛应以三局两胜定胜负。

(2) 每场比赛采取三局两胜制,先到 21 分的一方赢得当局比赛。

(3) 除出现本条规则 5 的情况外,先得 21 分的一方胜一局。

(4) 对方"违例"或球触及对方场区内的地面成死球,则本方胜这一回合并得一分。

(5) 20 平后,领先 2 分的一方胜该局；29 平后,先到 30 分的一方胜该局。

(6) 一局的胜方在下一局首先发球。

（三）交换场区

(1) 以下情况运动员应交换场区：

① 第一局结束；

② 第二局结束（如果有第三局）；

③ 在第三局比赛中,一方先得 11 分时。

(2) 如果运动员未按规定交换场区,一经发现,在死球时立即交换。已得比分有效。

（四）发球

(1) 合法发球：

① 一旦发球员和接球员做好准备,任何一方都不得延误发球开始。发球员球拍的拍头做完后摆,任何迟滞都是延误发球开始。

② 发球员和接发球员,应站在斜对角的发球区内（见图 7-1）,脚不得触及发球区和接发球区的界线。

③ 从发球开始至发球结束前,发球员和接球员的两脚,都必须有一部分与场地的地面接触,不得移动。

④ 发球员的球拍,首先应击中球托。

⑤ 发球员的球拍击中球的瞬间,整个球应低于发球队员的腰部。腰指的是发球员最低肋骨下缘的水平切线。

⑥ 发球员的球拍击中球的瞬间,球拍杆应指向下方。

⑦ 发球开始后,发球员必须连续向前挥动球拍,直至将球发出。

⑧ 发出的球向上飞行过网,如果未被拦截,球应落在规定的接发球区内（即落在线上或界内）。

⑨ 发球员发球时应击中球。

(2) 一旦运动员站好位置准备发球,发球员的球拍头第一次向前挥动,即为发球开始。

(3) 一旦发球开始,发球员的球拍击中球或未能击中球,均为发球结束。

（4）发球员应在接发球员准备好后才能发球,如果接发球员已试图接发球,即被视为已做好准备。

（5）双打比赛发球时,发球员或接发球员的同伴应在各自的场区内,其站位不限,但不得阻挡对方发球员或接发球员的视线。

（五）发球区错误

（1）以下情况为发球区错误:

① 发球或接发球顺序错误;

② 在错误的发球区发球或接发球。

（2）如果发现发球区错误,应在死球时予以纠正,已得比分有效。

（六）违例

以下情况均属违例。

（1）不合法发球。

（2）发球时:

① 球挂在网上或停在网顶;

② 球过网后挂在网上;

③ 接发球员的同伴接到球或被球触及。

（3）比赛进行中,球:

① 落在场地界线外(即未落在界线上或界线内);

② 从网孔或网下穿过;

③ 未从网上方越过;

④ 触及天花板或四周墙壁;

⑤ 触及运动员的身体或衣服;

⑥ 触及场地外其他物体或人;

⑦ 被击时停滞在球拍上,紧接着被拖带抛出;

⑧ 被同一运动员两次挥拍连续两次击中;

⑨ 被同方两名运动员连续击中;

⑩ 触及运动员球拍,而未飞向对方场区。

（4）比赛进行中,运动员:

① 球拍、身体或衣服触及球网或球网的支撑物;

② 球拍或身体从网上侵入对方场区(球拍与球的最初接触点在击球者网的这一方,而后球拍随球过网的情况除外);

③ 球拍或身体从网下侵入对方场区,导致妨碍对方或分散对方的注意力;

④ 妨碍对方,即阻挡对方紧靠球网的合法击球;

⑤ 故意分散对方注意力的任何举动,如喊叫、故作姿态等。

（七）重发球

（1）由裁判员或运动员(未设裁判员时)宣报"重发球",用以中断比赛。

(2) 以下情况为"重发球"：

① 发球员在接发球员未做好准备时发球；

② 在发球过程中，发球员和接发球员都被判违例；

③ 发球被回击后，球停在网顶或球过网后挂在网上；

④ 比赛进行中，球托与球的其他部分完全分离；

⑤ 裁判员认为比赛被干扰或教练干扰了对方运动员的比赛；

⑥ 司线员未能看清，裁判员也不能做出裁决时；

⑦ 遇到不可预见的意外情况。

(3) "重发球"时，该次发球无效，原发球员重新发球。

（八）死球

(1) 球撞网或网柱后，开始向击球者网这方地面落下。

(2) 球触及地面。

(3) 宣报了"违例"或"重发球"。

（九）比赛连续性、行为不端及处罚

(1) 除以下(2)和(3)允许的情况外，比赛自第一次发球开始至该场比赛结束应是连续的。

(2) 间歇：

① 每局比赛，当一方先得 11 分时，允许有不超过 60 秒的间歇。

② 所有比赛中，每局之间允许有不超过 120 秒的间歇。

(3) 比赛暂停：

① 遇不是运动员所能控制的情况，裁判员可根据需要暂停比赛。

② 遇特殊情况，裁判长可要求裁判员暂停比赛。

③ 如果比赛暂停，已得比分有效，续赛时由该比分算起。

(4) 延误比赛：

① 不允许运动员为恢复体力、喘息或接受指导而延误比赛；

② 裁判员是"延误比赛"的唯一裁决者。

(5) 指导和离开场地：

① 在一场比赛中，死球时允许运动员接受指导；

② 在一场比赛中，运动员未经裁判员允许不得离开场地（规定的间歇除外）。

(6) 运动员不得有下列行为：

① 故意延误或中断比赛；

② 故意改变或损坏球，以此影响球的速度或飞行；

③ 举止无礼；

④ 规则未述的其他不端行为。

(7) 对违反者的处罚：

① 对违反规则的运动员，裁判员应执行警告。

② 对已被警告过的一方判违例,同一方如此违例两次则被视为"屡犯"。

② 对严重违犯、屡犯或违反规则的一方判违例,并报告裁判长。裁判长有权取消其该场比赛资格。

（十）礼让比赛

在礼让比赛中,比赛规则有以下变化:

（1）比赛规则规定的一局分数不变。

（2）比赛规则改为"在第三局或只进行一局的比赛中,当一方得分到达局分的一半时(如不是整数,则按四舍五入计)运动员交换场地"。

（十一）其他计分方法

1. 可按赛前商定进行

（1）一局为 21 分的比赛。

（2）一场三局两胜的比赛,即每局 15 分。

2. 在第 1 种情况下,比赛规则变化

交换场区:在只进行一局的比赛中,运动员在一方分数首先到达 11 分时交换场区。

3. 在第 2 种情况下,比赛规则变化

（1）计分方法

• 除非另有商定,一场比赛应以三局两胜定胜负。

• 除规定的情况之外,先得 15 分的一方胜一局。

• 如果比分为 14 比 14,先连续得 2 分的一方胜该局。

• 如果比分为 20 比 20,先获得 21 分的一方胜该局。

（2）交换场区

在第三局,一方先得 8 分时,运动员应交换场区。

4. 比赛连续性、行为不端及处罚

（1）比赛连续性

比赛从第一次发球起至比赛结束应是连续的。下列比赛中,每场比赛的第二局第三局之间应允许有不超过 5 分钟的间歇:

• 国际比赛项目。

• 国际羽联批准的比赛。

• 遇有不是运动员所能控制的情况,裁判员可根据需要暂停比赛。如果比赛暂停,已得分数有效,续赛时由该分数算起。

不允许运动员为恢复体力或喘息,或接受场外指导而中断比赛。比赛时不允许运动员接受指导(《羽毛球基本规则》18.2 和 18.3 规定的除外)。

每局比赛,当一方先得 8 分时,允许有不超过 60 秒的间歇。

在一场比赛中,运动员未经裁判员同意,不得离开场地。只有裁判员才能暂停比赛。

（2）行为不端及处罚

行为不端包括：

• 故意引起比赛中断。

• 故意改变球的速度。

• 举止无礼。

• 其他不端行为。

对行为不端、裁判员应执行警告；已被警告过的一方判违例；对严重违反或屡犯者判违例并可取消其比赛资格。

三、羽毛球单打比赛规则

（一）发球区和接发球区

（1）一局中，发球员的分数为0或双数时，双方运动员均应在各自的右发球区发球或接发球。

（2）一局中，发球员的分数为单数时，双方运动员均应在各自的左发球区发球或接发球。

（二）击球顺序和位置

一回合中，球应由发球员和接发球员交替从各自所在场区一边的任何位置击出，直至成死球为止。

（三）得分和发球

（1）发球员胜一回合则得一分，随后，发球员再从另一发球区发球。

（2）接发球员胜一回合则得一分，随后，接发球员成为新发球员。

四、羽毛球双打比赛规则

（一）发球区和接发球区

（1）一局中，发球方的分数为0或双数时，发球方均应从右发球区发球。

（2）一局中，发球方的分数为单数时，发球方均应从左发球区发球。

（3）接发球方上一回合最后一次发球的运动员应在原发球区接发球。其同伴的站位与其相反。

（4）接发球员应是站在发球员斜对角发球区的运动员。

（5）发球方每得一分后，原发球员则变换发球区再发球。

（6）除出现发球区错误外，发球都应从与发球方得分相对应的发球区发出。

（二）击球顺序和位置

每一回合球被回击后，由发球方的任何一人和接发球方的任何一人，交替在各自场区一边的任何位置击球，如此往返直至死球。

（三）得分和发球

（1）发球方胜一回合则得一分，随后发球员继续发球。

（2）接发球方胜一回合则得一分,随后接发球员成为新发球方。

（四）发球顺序

每局比赛的发球权必须如下传递：

（1）首先是发球员,从右发球区发球；

（2）其次是首先接发球员的同伴,从左发球区发球；

（3）然后是首先发球员的同伴；

（4）接着是首先接球员；

（5）再接着是首先接球员,如此传递。

（五）其他规则

（1）运动员在比赛中不得有发球、接发球顺序错误或在一局比赛中连续两次接发球。

（2）一局胜方中的任一运动员可在下一局先发球；一局负方中的任一运动员可先接发球。

五、羽毛球双打比赛发球站位

双打比赛中,A 和 B 对 C 和 D。A 和 B 挑边获胜选择了发球,A 发球,C 接发球。A 为首先发球员,而 C 则为首先接发球员。具体如表 7-1 所示。

表 7-1　羽毛球双打比赛发球战位

过程及解释	比分	发球区	发球员和接发球员	赢球方
A 和 B 得 1 分。A 和 B 交换发球区,A 从左发球区再次发球。C 和 D 在原发球区接发球	0：0	从右发球区发球（因发球方的分数为双数）	A 发球,C 接发球（A 和 C 为首先发球员和首先接发球员）	A 和 B
	1：0	从左发球区发球（因发球方的分数为单数）	A 发球,D 接发球	C 和 D
C 和 D 得 1 分,并获得发球权。两人均不改变各自原发球区(即原站位)	1：1	从左发球区发球（因发球方的分数为单数）	D 发球,A 接发球	A 和 B
A 和 B 得 1 分,并获得发球权。两人均不改变各自原发球区(即原站位)	2：1	从右发球区发球（因发球方的分数为双数）	B 发球,C 接发球	C 和 D

续　表

过程及解释	比分		发球区	发球员和接发球员	赢球方
C 和 D 得 1 分,并获得发球权。两人均不改变其各自原发球区	2∶2	C　D A　B	从右发球区发球(因发球方的分数为双数)	C 发球,B 接发球	C 和 D
C 和 D 得 1 分。C和 D 交换发球区,C 从左发球区发球。A 和 B 不改变其各自原发球区	3∶2	D　C A　B	从左发球区发球(因发球方的分数为单数)	C 发球,A 接发球	A 和 B
A 和 B 得 1 分,并获得发球权。两人均不改变各自原发球区(即原站位)	3∶3	D　C A　B	从左发球区发球(因发球方的分数为单数)	A 发球,C 接发球	A 和 B
A 和 B 得 1 分。A和 B 交换发球区,A 从左发球区再次发球。C 和 D 不改变其各自原发球区	4∶3	D　C B　A	从右发球区发球(因发球方的分数为双数)	A 发球,D 接发球	C 和 D

以上可表述为:

(1)与单打时一样,发球员的发球区以发球方分数的单数或双数来决定。

(2)运动员只有在本方发球得分时才交换发球区。除此以外,运动员继续站在上一回合的各自发球区不变,以此保证发球员间发球的交替。

具体见图 7-4 至图 7-11。

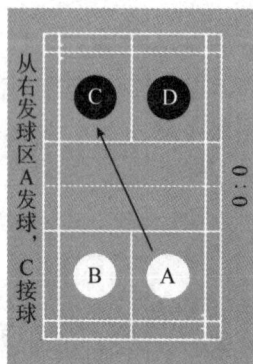

图 7-4　0∶0

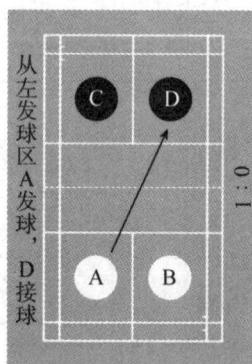

图 7-5　0∶1

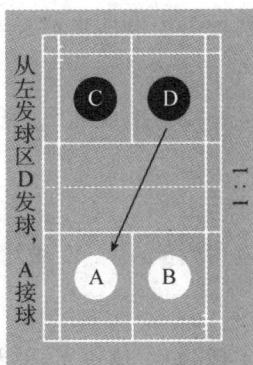

图 7-6 1：1

从左发球区D发球，A接球

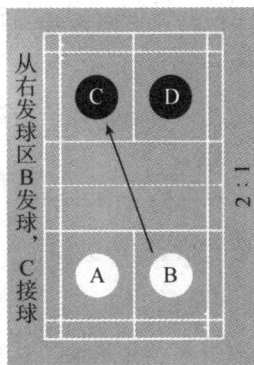

图 7-7 1：2

从右发球区B发球，C接球

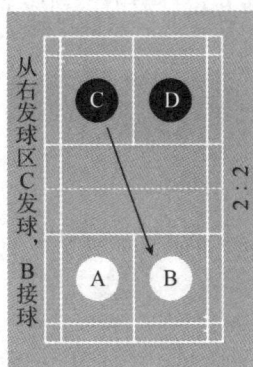

图 7-8 2：2

从右发球区C发球，B接球

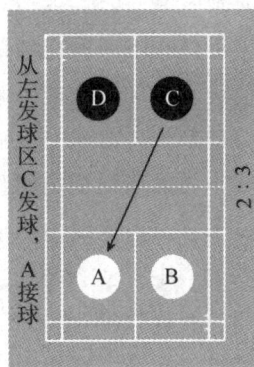

图 7-9 3：2

从左发球区C发球，A接球

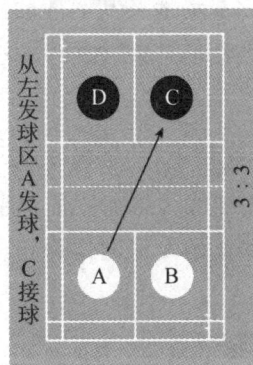

图 7-10 3：3

从左发球区A发球，C接球

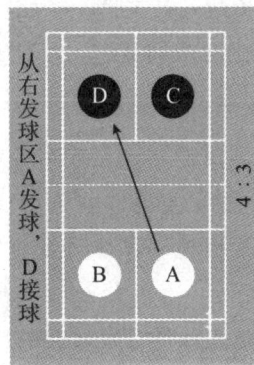

图 7-11 3：4

从右发球区A发球，D接球

第二节 羽毛球竞赛的裁判法

一、羽毛球技术官员分工及其职责

(一) 技术官员的分工

(1) 裁判员在裁判长的领导下工作，并向裁判长负责。

（2）发球裁判员一般由裁判长指派，但裁判长可予以撤换或经裁判员与裁判长商议后予以撤换。

（3）司线员一般由裁判长指派，但裁判长可予以撤换或经裁判员与裁判长商议后予以撤换。

（4）技术官员对其所分管职责内事实的宣判是最后的裁决。当裁判员确认司线员明显错判时，应予以纠正。如果需要撤换司线员，应召唤裁判长商定。

（二）裁判员的职责

每场比赛由裁判长指派一名裁判员（亦称主裁判）主持比赛，并管理该场地及其周围，比赛时坐在场外网柱旁的裁判椅上，执行竞赛规则的有关条款：

（1）及时地宣判"违例"或"重发球"，并随时在记分表上做相应的记录。

（2）对申诉应在下一次发球前做出裁决。

（3）应使运动员和观众能了解比赛的进程。

（4）可与裁判长磋商，安排、撤换司线裁判员或发球裁判员。

（5）当裁判员确认司线员明显错判时，应予以纠正。

（6）当技术官员因视线被挡未能做出裁决时，由裁判员裁决。若裁判员也不能做出裁决时，则判"重发球"。

（7）裁判员有权暂停比赛。

（8）裁判员应记录竞赛规则中的有关情况（比赛连续性、行为不端及处罚）并向裁判长报告。

（9）临场裁判员主持一场比赛，并管理该比赛场地及其紧邻的区域。管理时限从该场比赛裁判员进入场地开始，直至该场比赛结束后离开场地为止。

（三）发球裁判员的职责

发球裁判员通常坐在裁判员对面网柱旁的矮椅上，使视线基本与发球员的腰部持平；根据需要也可以坐在裁判员同侧；在视线被挡而不能看清发球员的发球动作时可以挪动身体位置直至能看清发球员的发球动作为止。发球裁判员的职责如下：

（1）宣判发球员在发球时的违例；

（2）协助裁判员检查场地和器材；

（3）协助裁判员管理羽毛球；

（4）放置暂停标志。

（四）司线员的职责

司线员专门负责察看球在他所负责的线附近的落点，并以规定的术语"界外"、"界内"以及"视线被挡"三个手势进行宣判。

（五）裁判长的职责

裁判长对组成整个竞赛的每一场比赛负有全责，包括：

（1）对规则和竞赛规程的解释做出最后决定。

（2）保证比赛公正地进行。

（3）保证比赛的顺利进行。

（4）全面管理竞赛。

二、裁判员的工作建议及基本要求

（一）比赛开始前

比赛开始前,裁判员的工作建议及基本要求如下:

• 向裁判长领取记分表。

• 确保计分器正常工作。

• 确保网柱放置在双打边线上。

• 检查网高,并保证球网两端与网柱之间没有空隙。

• 确定是否有羽毛球触及障碍物的补充规定。

• 确保发球裁判员和司线员明确各自的职责,位置安排正确。

• 确保有足够数量并经检测的比赛用球,避免耽误比赛。

• 检查运动员服装的颜色、图案、字样和广告是否符合规定,并确保违规情况能得到纠正。有关违规服装规定的任何裁定,都必须在该场比赛前报告裁判长或相应的竞赛负责人,如赛前无法报告,则应在该场比赛结束后立即报告。

• 公正执行"挑边",确保赢方和输方进行正确的选择,并记录挑边的结果。

• 双打比赛时,记下开局时站在右发球区的运动员姓名,以便随时检查发球时运动员是否站在正确的发球区内。每局开始时都必须做相应的记录。

（二）比赛开始时

比赛开始,裁判员介绍运动员时,手相应地指向右边或左边(W、X、Y、Z 表示运动员姓名,A、B、C、D 表示国名或地区名)。

1. 单打

• 单项赛:女士们,先生们,站在我右边的是 X、A,站在我左边的是 Y、B,比赛开始,0 比 0。

• 团体赛:女士们,先生们,站在我右边的是 A、X,站在我左边的是 B、Y。A 发球,比赛开始,0 比 0。

2. 双打

• 单项赛:女士们,先生们,站在我右边的是 W、A 和 X、B,站在我左边的是 Y、C 和 Z、D;X 发球,Y 接发球,比赛开始,0 比 0。如果两名配对的双打运动员代表同一个国家或地区,则宣报该两名运动员的姓名后,再报其国名或地区名,如 W 和 X,A。

• 团体赛：女士们，先生们，站在我右边的是 A、W 和 X，站在我左边的是 B、Y 和 Z；A、X 发球，Y 接发球，比赛开始，0 比 0。

• 裁判员宣报"比赛开始"，即为一场比赛的开始。

（三）比赛中

（1）裁判人员的工作建议及基本要求：

• 使用裁判员临场规范用语。

• 记录和报分。报分时，总是先报发球员的分数。

• 如果指派了发球裁判员，发球时裁判员主要看接发球员，但必要时，也可宣报"发球违例"。

• 应随时注意计分器的显示是否正确。

• 需要裁判长帮助时，右手高举过头。

（2）当一方输了一回合而失去发球权时，应宣报：换发球。随后，先报新发球方的分数，接着报新接球方的分数。必要时，用适当的手势，同时指向新发球员及其正确的发球区。

（3）只有裁判员才可宣报"比赛开始"或"继续比赛"，以表明：一场或一局比赛的开始，或交换场地后一局比赛的继续。比赛中断后恢复比赛，裁判员要求运动员继续比赛。

（4）当违例发生时，裁判员应宣报"违例"。以下情况除外：发球裁判员根据规则宣报发球"违例"时，裁判员应宣报"发球违例"以确认这一裁决，裁判员在判接发球违例时，宣报"接发球违例"。司线员根据比赛规则所述的"违例"，做了宣报或出示了手势，属于规则所述的"违例"，只有在有必要向运动员或观众表明时，才宣报"违例"。

（5）当一局比赛领先方得 11 分时，该回合一结束，应立即宣报"换发球"（需要时），随后报分和"间歇"，不受观众鼓掌、欢呼的影响，马上执行规则有关"间歇"的规定，间歇时间从此时算起。在"间歇"期间，发球裁判员要确保场地被擦干净。

（6）在一局比赛领先方得 11 分的间歇中，40 秒时，应重复宣报："……号场地 20 秒"。每局交换场区，以及第三局交换场区的间歇中，允许双方各有不超过两人进入场地。当裁判员宣报："……号场地 20 秒"时，这些人员应离开场地。间歇后恢复比赛时宣报："继续比赛"，并再次报分。如果运动员不需要规则规定的间歇，可继续比赛。

（7）延伸比赛：在每局比赛领先方得 20 分时，要宣报"局点"或"场点"。在每局比赛中任何一方分数到达 29 分时，都应宣报"局点"或"场点"。用英文宣报时，"局点"或"场点"总是在发球方分数后，接发球方分数前。

（8）每一局最后一个回合结束，必须立即宣报"……局比赛结束"，而不受鼓掌、喝彩声等影响。规则允许的间歇时间从此时开始算起。第一局结束后宣报:"第一局比赛结束……(运动员姓名获团体赛队名)胜……(比分)";第二局结束后宣报"第二局比赛结束……(运动员姓名获团体赛队名)胜……(比分),局数1:1";如果胜这一局即胜该场比赛,则宣报"比赛结束……(运动员姓名获团体赛队名)胜……(各局比分)。"

(9) 在第一局和第二局、第二局和第三局间的间隙中,100秒时,应重复宣报:"……号场地20秒"。间歇中,允许双方各有不超过两人在运动员交换场区后进入场地。当裁判员宣报"……号场地20秒"时,这些人应离开场地。

(10) 第二局比赛开始时,宣报:"第二局比赛开始,0比0。"如果要赛第三局,比赛开始时,宣报"决胜局比赛开始,0比0。"

(11) 第三局或只进行第一局的比赛,当领先方得11分时,宣报"换发球"(需要时)再报分,接着再宣报"间歇,交换场区"。间歇后比赛开始,应宣报"继续比赛"并再次报分。

(12) 一场比赛结束后,应立即将记录完整的记分表送交裁判长。

(四) 球落点的宣判

(1) 球落在界线附近或无论界外多远,裁判员都应看司线员。司线员对自己的裁决负全责。

(2) 若裁判员确认司线员明显错判,则应宣报:"纠正,界内"(如球落在界内);"纠正,界外"(如球落在界外)。

(3) 未设司线员或司线员未能看清时,裁判员应立即宣报:"界外",接着再报比分(球落在界线外);报分前加报"换发球"(需要时)。"比分"(球落在界线内),报分前加报"换发球"(需要时)。"重发球"(裁判员也未能看清时)。

(五) 比赛时应注意的问题

(1) 运动员将球拍掷入对方场区或从网下滑入对方场区,并因此妨碍或分散对方注意力,应根据规则,判违例。

(2) 球从临场侵入场区时,以下情况不判"重发球"。如果裁判员认为:未引起运动员注意;未妨碍或干扰运动员比赛。

(3) 对正在击球的运动员大声喊叫,不应视为分散对方注意力。向对方喊叫"别接"、"违例"等,则应视为分散对方注意力。

(4) 运动员离开场地的规定:

• 除规则规定的间歇外,运动员未经裁判员同意,不得离开比赛场地。

• 应提醒违反方,离开场地必须经裁判员同意。但允许运动员在对击中到场边更换球拍。比赛中死球时,应谨慎地允许运动员迅速地擦汗或喝水。

• 如需擦地板时,在擦地板结束前运动员应在场地内。

(5) 延误和中断比赛:不允许运动员故意中断或延误比赛;制止其在场地做不必要的兜圈走动;必要时执行规则的有关规定。

（6）场外指导：

• 比赛中应制止场外指导。

• 比赛中，教练员坐在指定的椅子上，不得站在场边；教练员不得分散运动员的注意力或使比赛中断。

• 如果裁判员认为比赛被干扰，或教练员分散了对方运动员的注意力，则判"重发球"，再次出现该情况时，立即召唤裁判长。

• 裁判长应警告确保所有教练员及随队官员遵守其行为规范。

（7）换球：

• 比赛时，换球应公正。裁判员应对是否换球做出决定。

• 球的速度或飞行受到干扰时，应换球。必要时执行有关规定。

• 裁判长是决定球速的唯一裁决者。如果比赛双方均要求更换球速，应立即召唤裁判长；必要时，可以试球。

（8）比赛时伤病的处理：

• 裁判员应谨慎、灵活地处理比赛时运动员的伤病，迅速、准确地判定伤病的严重程度；必要时召唤裁判长。

• 裁判长必须决定是否需要医务人员或其他人员进场。医务人员应对运动员进行检查，并告知伤病的严重程度。如出血，应延缓比赛，直至流血停止或伤口得到妥善处理为止。

• 对治疗应实行有效管理，不得因治疗而延误比赛。

• 裁判长应告知裁判员，给运动员恢复比赛可能需要的时间。裁判员应监控所用的时间。

• 处理时，裁判员应确保不给对方造成不利影响，同时恰当地执行规则。

• 由于伤病或其他不可避免的原因，造成比赛中断，应及时询问该运动员："你要弃权吗？"如果回答是肯定的，应宣报："……（运动员姓名或队名）弃权；""……（运动员姓名或队名）胜……（比分）。"

（六）比赛暂停

（1）如果比赛暂停，应宣报："比赛暂停"。并记录比分、发球员、接发球员、正确的发球区和场区。

（2）恢复比赛时，应记录暂停持续的时间，确认运动员的正确站位，并询问："准备好了吗？"再宣报："继续比赛"和比分。

（七）行为不端

（1）记录并向裁判长报告任何不端行为及其处理。

（2）两局间行为不端的处理方法，与一局中的行为不端的处理方法相同。处理决定由裁判员在下一局比赛开始时宣报，先按对临场裁判人员的宣报，然后宣报"换发球"（适用时），再报比分。

（3）当裁判员对违反规则的违反方警告时，应召违反方运动员："到这里来",并宣报:"警告……(运动员姓名)行为不端。"同时,右手持黄牌举过头顶。

(4)对违犯规则已被裁判员执行过警告的违犯方判违例时,应召违犯运动员:"到这里来",并宣报:违例……(运动员姓名)行为不端。"同时,右手持红牌举过头顶。

(5)当裁判员按规则对严重违反或屡犯规则或违反规则的一方判违例,并拟向裁判长建议取消该运动员比赛资格时,应叫该运动员:"到这里来",并宣报:"违例……(运动员姓名)行为不端。"同时,右手持红牌举过头顶,并召唤裁判长。

(6)在裁判长决定取消该方运动员比赛资格时,将黑牌交给裁判员。裁判员应叫该运动员:"到这里来",并宣报:"……(运动员姓名)行为不端,取消比赛资格。"同时,右手持黑牌举过头顶。

三、发球裁判员的工作建议及基本要求

(一)比赛开始前

(1)领球、检测球网及网柱。

(2)协助裁判员召集运动员、司线员入场;协助检查运动员服装等。

(二)比赛中

(1)判发球违例:这是主要职责。如有违例,则大声宣报"违例",并用规定手势指明违例类型。

(2)对发球裁判员的要求:

• 发球裁判员一般坐在主裁判对面网柱旁的矮椅上,但如视线被挡,可自行调整适当位置。特别是混双,容易视线被挡。

• 动作夸张、注意力集中,全神贯注地注视发球员的发球并保持贯彻始终。

• 眼明口快,及时准确地宣报"违例",同时出示相应的规定手势。

• 宣报声音洪亮,直至裁判员宣报"发球违例",使宣判生效。宣报违例时手势要果断、声音响亮,必要时及时举手或站起,以便让主裁判和运动员看见、听见。

• 判罚尺度统一,做到前紧后不松。

• 注意关键比分时发球员的偷袭发球。

(3)换球:协助管理比赛用球,切记喧宾夺主,只有裁判员示意换球时方可递球给发球方运动员。比赛用球接近用完时,应在死球时向裁判长示意补充。

(4)保证地板干净:间歇期间要提示司线员擦地板,不必每次擦地板都跟到场内。

(5)放置暂停标志(停赛标):只在第一局结束和有决胜局的,在第二局结束后放置。场地没有比赛了,不能放。

(6)与裁判员的交流:局间到裁判员一侧,可以进行简短的交流,但一定要走过去。等裁判员宣报"场地20秒"后,撤出暂停标志,回到自己的位置。每次发球后、死球时都要跟裁判员有交流。如用眼神、点头等方式交流。

（7）与裁判员同时开表，如裁判员忘记开表或其他情况的出现，这也是依据。

（三）赛后

（1）拣球（比赛结束后的球要收回）。

（2）场地中间放置练习球。

（3）协助裁判员带出运动员等。

四、司线员的工作建议及基本要求

（1）司线员一般应坐在他所负责线的延长线的 2.5～3.5 米处，最好面向裁判员。双打端线司线员应坐在边线外的端线与双打后发球之间的延长线上。

（2）司线员对所负责的线负全责。除裁判员判定司线员有明显错判，否决司线员的判决外。如球落在界外，无论多远，均应立即大声、清晰地宣报"界外"，使运动员和观众都能听清，同时，掌心向前两臂侧平举作"界外"手势，使裁判员能看清。如球落在界内或线上，不宜报，只用右手指向界内。

（3）如未能看清，立即举起双手盖住双眼，向裁判示意。

（4）球落地前不要宣报或做手势。

（5）只负责宣报球的落点，不得干预裁判员的裁决，例如球触及运动员或球拍。

（6）注意力高度集中，抢时间、抢角度准确判断球的任何部分的最初落点。

（7）保持与裁判员沟通配合，做到手势快出慢收，稍作停顿。对视是很关键的。

（8）边线、端线交接处附近的落地球，司线员勿需配合，各负其责（如有一司线员出示"界外"手势，即为界外球）。

（9）避免与运动员发生冲突。

五、裁判人员临场用语和手势

（一）临场裁判员的规范用语

裁判员应使用规范用语控制一场比赛。

1. 宣报及介绍

（1）女士们、先生们：

• 站在我右边的是……（运动员姓名）……（国名或地区名），站在我左边的是……（运动员姓名）…………（国名或地区名）。

• 站在我右边的是……（双打运动员姓名）……（国名或地区名），站在我左边的是……（双打运动员姓名）……（国名或地区名）。

• 站在我右边的是……（国名或地区名/队名）……（运动员姓名），站在我左边的是……（国名或地区名/队名）……（运动员姓名）。

• 站在我右边的是……（国名或地区名/队名）……（双打运动员姓名），站在我左边的是……（国名或地区名/队名）……（双打运动员姓名）。

（2）……（运动员姓名）发球。

（3）……（国名或地区名/队名）发球。

（4）……（运动员姓名）发球，……（运动员姓名）接发球。

（1）……（运动员姓名）发球给……（运动员姓名）。

2．比赛开始及报分

（1）0 比 0。

（2）比赛开始或继续比赛。

（3）换发球。

（4）间歇。

（5）……号场地 20 秒。

（6）局点，……比……，例：局点，20 比 6 或局点，29 比 28。

（7）场点，……比……，例：场点，20 比 8 或场点，29 比 28。

（8）局点，……比……，例：局点，29 比 29。

（9）场点，……比……，例：场点，29 比 29。

（10）比赛结束。

（11）第一局……（运动员姓名，团体赛用队名）胜，……比……，……号场地间歇 2 分钟。

（12）第二局。

（13）第二局……（运动员姓名，团体赛用队名）胜，……比……。

（14）局数，1 比 1。

（15）决胜局。

3．一般用语

（1）过来挑边。

（2）谁发球？

（3）选择场区

（4）谁接发球？

（5）准备好了吗？

（6）准备比赛。

（7）把包放好。

（8）从……发球。

（9）在……接发球。

（10）右发球区。

（11）左发球区。

（12）发球时，你没有击中球。

（13）接发球员没准备好。

（14）你试图接发球了。

（15）你不能干扰司线员。

（16）你不能干扰发球裁判员。

（17）到这里来。

（18）这个球可以吗？

（19）试球。

（20）换球。

（21）不换球。

（22）重发球。

（23）交换场区。

（24）你们没有交换场区。

（25）你的发球区错误。

（26）你的接发球区错误。

（27）发球顺序错误。

（28）接发球顺序错误。

（29）不得改变球形。

（30）球从网中穿过。

（31）球未从网上越过。

（32）球触到你。

（33）你触网。

（34）球飞入场区。

（35）你站错发球区。

（36）你干扰对方。

（37）你的教练员干扰对方。

（38）两次击球。

（39）拖带球。

（40）侵入对方场区。

（41）妨碍对方。

（42）你要弃权吗？

（43）接发球违例。

（44）发球违例。

（45）延误发球，比赛必须连续。

（46）不得延误比赛。

（47）你未经批准离开场地。

（48）比赛暂停。

（49）警告，……（运动员姓名）行为不端。

（51）违例，……（运动员姓名）行为不端。

（52）……（运动员姓名）"行为不端，取消比赛资格"。

（53）违例。

（54）界外。

（55）司线员，做手势。

（56）发球裁判员，做手势。

（57）纠正，"界内"。

（58）纠正，"界外"。

（59）擦地板。

（60）教练员离开场地。

（61）关闭手机

4. 比赛结束

（1）比赛结束，……（运动员姓名/队名）胜，……（各局比分）。

（2）……（运动员姓名/队名）弃权。

（3）……（运动员姓名/队名），取消比赛资格。

5. 分数

0～30。

（二）发球裁判员的临场用语和手势

发球裁判员负责宣判发球运动员是否合法。如不合法，则大声宣报"违例"，并用规定的手势表明违例的类型。规定的手势如图7-12所示。

（1）一旦发球员和接发球员做好发球准备，任何一方都不得延误发球。一旦双方运动员做好发球准备，发球员的拍头第一次向前挥拍即为发球开始。球拍未连续向前挥动手势如图7-12a所示。

（2）从发球开始至发球结束前，一脚或双脚没有与发球区地面接触且移动。手势如图7-12b所示。

（3）发球时，发球员球拍的最初击球点不在球托上。手势如图7-12c所示。

（4）发球员球拍击中球的瞬间，球的整体未低于发球员的腰部。手势如图7-12d所示。

（5）发球员球拍击球的瞬间，发球员的球拍杆未指向下方。手势如图7-12e所示。

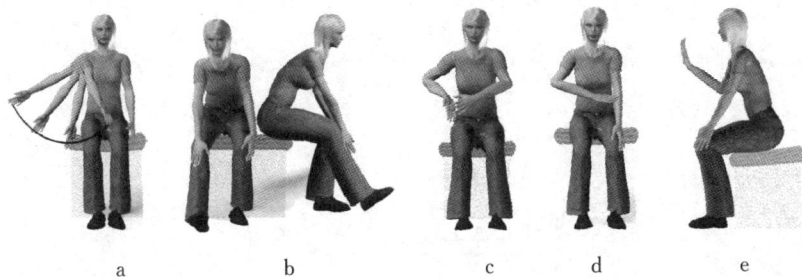

图 7-12　发球裁判员的手势

裁判员可给发球裁判员安排额外的任务，但要事先通知运动员。

（三）司线员的临场用语和手势

只有球落在界外时，立即大声、清晰宣报"界外"，没有其他的临场用语。

（1）界外：如球落在界外，无论多远均应立即大声、清晰地宣报"界外"，使运动员和观众都能听清，同时两臂侧平展，使裁判员能看得清。手势如图 7-13 所示。

（2）界内：如球落在界内，不宣报，只用右手指向界线。手势如图 7-14 所示。

（3）未能看清：如未能看清，应立即举起双手盖住眼睛，向裁判员示意。手势如图 7-15 所示。

图 7-13　界外　　　　　图 7-14　界内　　　图 7-15　未能看清

（4）对司线员的位置：在实际安排时，建议司线员的位置应距离场地界线 2.5～3.5 米；在安排他们的位置时，要注意他们不受场外干扰，如摄影记者的影响，等等。

思考题

1. 发球员在发球时可能出现哪些违例现象？

2. 什么情况下判罚"重发球"？

3. 比赛过程中，球出现什么情况被视为违例？

4. 运动员交换场区主要出现在什么情况下？如果未按规定交换场区，一经发现该如何处理？

5. 一场比赛临场裁判员如何宣报比赛开始、间歇及比赛结束？

第八章　羽毛球竞赛的组织与编排

◎**本章导读** ···

　　羽毛球竞赛的组织与编排是一项仔细、复杂、技术性强、工作量大的微观管理工作。本章的羽毛球竞赛组织管理工作主要从竞赛前的准备工作、竞赛中的日常工作及赛后工作三方面进行描述，并简介俱乐部的管理及小型比赛的组织策划。羽毛球竞赛方法及编排主要介绍了单循环、单淘汰及混合制。以及适合学校开展的"三对三制"羽毛球竞赛规则及技战术。

第一节　羽毛球竞赛的组织与管理

一、羽毛球竞赛前的准备工作

（一）竞赛规程的制定

　　每次比赛的竞赛规程由竞赛主办单位根据自身的比赛宗旨以及综合因素制定，但不能违背羽毛球竞赛规则和我国羽毛球协会制定的羽毛球竞赛章程。竞赛规程是比赛的法规、竞赛工作的依据，它的修改和解释权都属于规程的制定者。羽毛球竞赛规程的主要条款和制定该条款内容需考虑的问题大致如下：

　　（1）比赛名称：能基本反映该次比赛的性质，比赛的参赛地区（国际、全国、省、市或系统）、对象（年龄）、项目（团体、单项），举办的年份或届数等。杯赛的冠名能反映出该次比赛的主办者或赞助者。

　　（2）比赛的主办单位：包括主办者、承办单位、协办单位、资助单位。

　　（3）比赛日期和地点：年、月、日，比赛的城市和比赛场地。

　　（4）竞赛项目：可以根据比赛的要求设立团体或单项，并说明年龄组等。

　　（5）参加单位：规定参赛的范围或列出具体的邀请单位。

　　（6）报名办法：报名条件、人数、日期及上交地址、联系人电话。

　　（7）竞赛办法：团体赛制、单项赛制。

　　（8）各项目的录取名次。

　　（9）弃权处理：时间限定，处罚办法等。

　　（10）奖励办法。

　　（11）比赛用球的品牌型号。

　　（12）裁判长和裁判员。

（13）经费：注册费、报名费、保险费、交通费、食宿费等。

（14）竞赛补充通知规定。

（二）裁判员的队伍组成

1. 裁判长

每次比赛设裁判长 1 名，副裁判长至少 1 名，如果比赛的场地数较多时可以设 2～3 名副裁判长。

2. 裁判员的人数

主要针对裁判员与司线裁判员合为一组的方式，采用此方法时，裁判总人数的计算方法是：

（每场采用几人裁判制＋若干名轮休裁判员）×比赛的场地数＝裁判总人数

（1）几人制裁判：每场比赛至少 1 名裁判员和 1 名发球裁判员，司线裁判员的人数可以根据比赛的级别或在一次比赛时的预赛阶段或决赛阶段考虑，轮休的裁判员人数则要考虑每节比赛在一个场地的比赛场数，以不使一名裁判员在一节时间里的工作员过大（一般 3～4 场为宜）和连场裁判。

（2）裁判的工作量计算方法：

每场采用几名裁判员×比赛场数/场地＝×人次

例如：某次比赛采用 5 人制，在一节时间里一个场地安排 6 场比赛，那么一个场地的裁判工作量就是 5(5 人制)×6 场比赛/1 场地＝30 人次。

（3）比赛的场地数：是指在本次比赛中一节时间里同时要使用最多的场地数。

综合以上几个方面因素，一次比赛所需的裁判员总人数就可算出。例如：每场比赛采用五人制（裁判员 1 名、发球裁判员 1 名、司线裁判员 2 名、记分员 1 名），每组每场的轮休裁判员 2 名，本次比赛最多时使用 8 片场地，则：[5(5 人制)＋2(轮休裁判员)]×8(场地数)＝56 人，即总共需要 56 名裁判员。

（三）比赛开始前的工作

（1）裁判长于比赛开始前最先到比赛场地，检查场地、器材是否全部准备就绪；测试球速决定本节比赛用球的速度；检查所有与竞赛有关的人员是否全部到位。

（2）编排记录组也应提前到场地，准备好记分表、名牌等。

（3）裁判员与司线员至少在赛前 30 分钟报到，裁判长召集裁判员会议，布置裁判员的裁判工作。

（4）首场裁判员到记录台领取记分表、运动员的名牌，发球裁判员领取比赛用球。

二、羽毛球竞赛中的日常工作

（1）广播员广播，请场上练习的运动员退出场地，第一场的裁判员召集本场比赛运动员在进场处列队集合,等候进场。

(2)广播员在得到裁判长的示意后宣布比赛开始,裁判员、运动员入场,此时播放音乐,裁判员带领运动员随着音乐节奏入场。

如果同时使用一片以上场地比赛,则从第二场比赛开始运动员入场时就不宜播放音乐,以免影响其他场地的比赛。

(3)裁判员进场按顺序做好比赛前的一切准备工作后,宣布比赛开始。

(4)每场比赛结束,裁判员宣布比赛结果,与双方运动员一一握手后,再下裁判椅,带领发球裁判员与司线裁判员一起列队退出场地,裁判员应立即将填写完整的记分表请裁判长审核后交记录台。

(5)下一场比赛开始,如果本次比赛场次采用的是调度制,则广播员根据编排记录组调度员的安排,广播某场地下一场比赛的运动员和担任该场比赛裁判员的名单,裁判员与发球裁判员一起列队入场,而运动员则自己到场地向裁判员报到。如果本次比赛场序的编排采用的是固定场地,则裁判员和运动员都是自行进场,不需广播,只是在运动员未到场地报到时,再广播催促。

(6)在整个比赛过程中,所有各有关人员(特别是裁判员、竞赛组、医生和场地器材组)都应在自己的岗位上,如需离开一定要向裁判长说明去向,并请别人代理自己的工作,否则一旦有事,不能及时处理解决,将会使比赛停顿或陷入混乱。

三、羽毛球竞赛的后续工作

(1)成绩登记和成绩公布:记录组应将已赛完的成绩立即登记并在成绩公布栏上公布,打印奖状,准备奖品等相关事宜,做好成绩册。

(2)清理场地,回收各类器材及用品。

(3)裁判组进行工作小结。

四、大学生体育俱乐部的组织与管理

学校体育俱乐部是指有着共同兴趣、爱好的大学生,利用课余时间,以体育活动为主要内容,自由选择体育活动项目,以学生练习为主、老师指导为辅,成员承担一定的权利和义务、实行民主管理的一个基层社会组织。俱乐部的成员是因为锻炼身体和对体育运动的爱好而参加活动的,没有锻炼时间和项目限制。

(一)学校体育俱乐部的特征

(1)参与者的自愿性:体育俱乐部是学生自愿加入的群众性体育组织,在这个群体里,人人都享受平等的权利。

(2)活动过程的主动性:体育俱乐部是学生根据自己的兴趣、爱好和个人需要,有选择地参加各项活动,完全建立在学生自觉自愿的基础上,是广大学生主动参与活动的结果。

（3）组织形式的灵活性：体育俱乐部组织开展活动，既有像行政部门一样的管理机制，需要各系部、学生体协等方方面面的配合，也有以各项体育俱乐部为群体，自筹自办，自我管理的组织形式，具有实施灵活的特点。

（4）活动内容的丰富性：体育俱乐部开展活动，其宗旨是满足广大学生对体育活动多方面的需要，增强体质，丰富校园文化生活。因此，根据学生的兴趣和要求，开设了运动项目不同的各种专项俱乐部，活动内容丰富，让学生有多项选择余地。

（5）活动目的的多样性：学生参加体育俱乐部的目的、动机是多种多样的。如：在紧张的学习之余以达到调节精神、缓解紧张情绪、消除疲劳之目的；也有为了增强体质，提高身体对疾病的抵抗能力；也有具有一定的体育特长，其目的是为提高运动技术水平。

（二）学校体育俱乐部的分类及管理

1. 业余体育俱乐部（课外活动俱乐部）

业余体育俱乐部是学生以共同兴趣为主自发组织，或在校方指导下全校统一组织，免费或活动经费自筹为主，成立的各单项体育俱乐部。各单项俱乐部是不同层次爱好者的主要活动场所，教师仅起辅导作用，从而实现课内、课外体育教育的有机结合，更好地实践健康第一的教育指导思想，并经常进行丰富多彩的各类竞赛活动，激发学生参加体育锻炼的积极性，培养锻炼的能力，为终身体育打下基础。这是目前在高校中逐渐被认同和推广的一种模式（见图 8-1）。

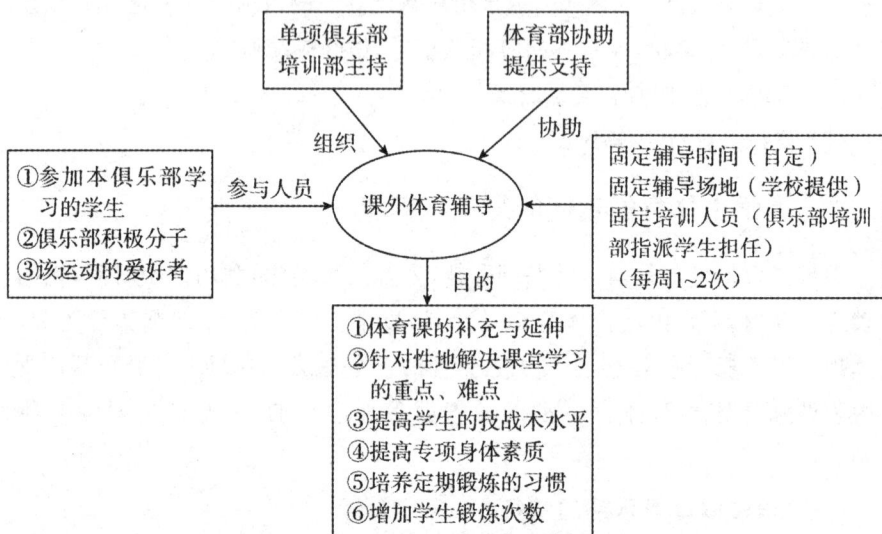

图 8-1 学校课外体育俱乐部活动模式

2. 体育教学俱乐部（课内俱乐部教学模式）

俱乐部教学模式是指根据高校人才培养的目标，结合大学生对体育的需求,以培养和建立学生终身体育意识,掌握1～2项长期从事锻炼身体的技能和方法,充分发挥个人的体育才能、兴趣和爱好,为终身健康奠定基础的一种以俱乐部形式组织进行的体育课教学。

3. 校内职业体育俱乐部

学校与企业合作,以股份制和企业赞助的形式共同建立职业体育俱乐部,为高水平运动队的发展寻求空间,促进高水平体育人才培养机制的完善。

(三)学校体育俱乐部的组织及活动内容

在学校体育俱乐部中,学生可以进行体育锻炼,参加体育表演,进行体育比赛、体育宣传等活动,还可以结合学校的实际情况进行各种体育知识专题讲座、体育知识竞赛等,以达到锻炼身体、发展个性的目的,是培养学生创造性人格,促进创造力提高的舞台,能够提高学生的管理能力、组织能力、协调能力和创造能力。每个单项体育俱乐部里都由学生自己管理和组织,体育俱乐部既能够吸引众多的学生参加体育活动,又能够丰富校园文化生活。

(四)学校羽毛球俱乐部的性质

学校羽毛球俱乐部一般以学校体育教师为俱乐部的指导教师,也可以根据俱乐部的需要聘请校外人员为俱乐部的指导教师。由指导教师负责组织、指导和俱乐部成员自学、交流相结合的活动方式,开展与羽毛球相关的各类活动、培训及竞赛等。

(五)学校羽毛球俱乐部的功能

(1)提供羽毛球爱好者学习与交流的平台。为喜欢羽毛球、了解羽毛球、提高羽毛球水平、与其他羽毛球爱好者交流经验、分享运动快乐的人提供交流的平台。

(2)进一步推广和普及羽毛球运动。羽毛球运动是一项非常有价值的运动,它是智力、体力、心理相结合的、具有多重锻炼效果的运动。学校体育俱乐部的目的是为了宣传和推广羽毛球运动,使更多的人了解和参与羽毛球运动。

(3)趣味与健身。羽毛球运动兼有娱乐与健身的双重功能。所以经常参与羽毛球运动,会给你更爽朗的精神和更健康的身体。

(4)磨练意志、增强自信心。羽毛球运动,将学生身体活动与心理活动,意志和行为相结合进行教育,使学生在克服困难、挫折的过程中体会成功的喜悦,磨练自己的意志。

(六)学校羽毛球俱乐部的运行机制

(1)俱乐部由体育教学部羽毛球课程教师作为活动指导老师。

(2)俱乐部设立执行主席一名,负责俱乐部的全面工作,妥善协调处理俱乐部与学校以及其他高校俱乐部之间的关系。

(3)执行主席可根据俱乐部实际情况按需设立技术部、宣传部、培训部、竞赛部、代表队等组织机构，协调俱乐部各项活动的开展。俱乐部组织构成如图 8-2 所示。

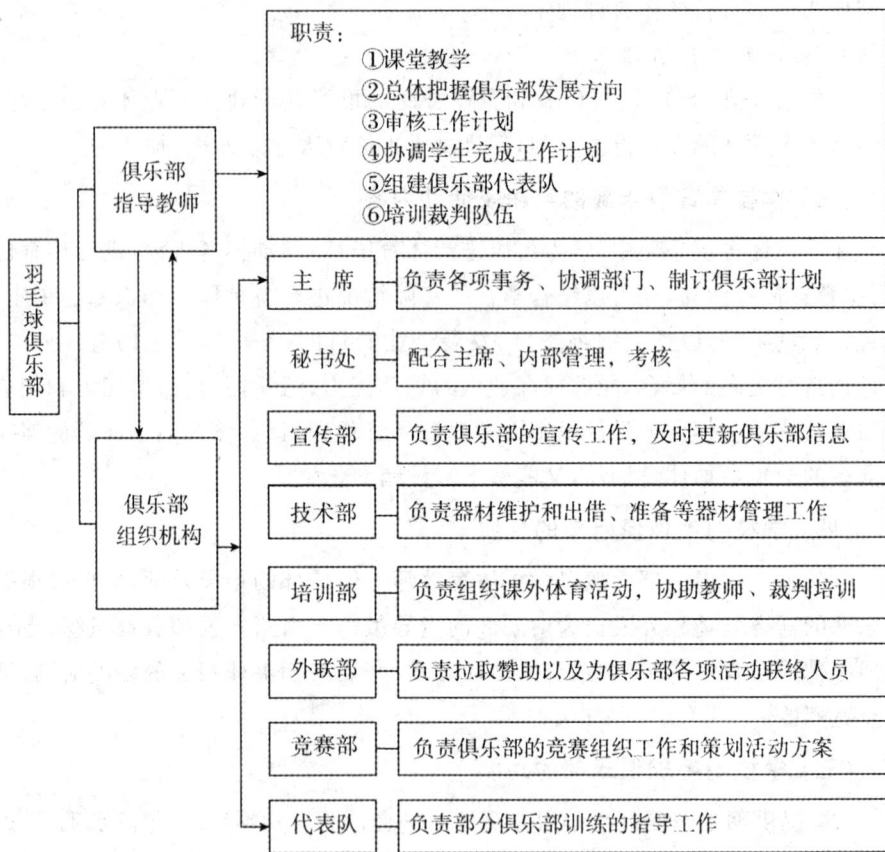

图 8-2　羽毛球俱乐部组织架构

（七）高校羽毛球俱乐部活动策划（以一学期的活动方案为例）

（1）开学招新工作，主要包括如下方面：

① 宣传单的设计（宣传部）。

② 宣传单内容的书写（各部门，即各部门简介及招收人员的要求）。

③ 招新宣传（俱乐部人员轮流值班，具体由秘书处安排）。

④ 面试（各部门要明确自己的招收标准，并将该标准写入招新策划中上交给主席）。

⑤ 干事培训（内容包括，俱乐部章程介绍（秘书处）、羽毛球项目概况（主席）、羽毛球基本知识及技术（培训部）、礼仪培训（外联部）、比赛规则介绍（竞赛部）、新闻稿写作（宣传部）），以上为对全体人员的培训，各部门要根据自己的工作内容对自己的干事进行针对性的培训。

⑥ 试用期：试用期为一个月，试用期期间各部门的部长、副部长要对自己干事的每一项工作打分，并总结上报至秘书处，淘汰部门的最后一名。试用期

期间,观察干事特长,可进行适当的部门调整。

（2）羽毛球宣传周（每学期举行一次）：

① 羽毛球历史介绍,器材展示（秘书处、器材部）；

② 羽毛球讲座（暨高校羽毛球交流活动）（宣传部、培训部）；

③ 校羽毛球锦标赛（竞赛部、培训部、器材部、秘书处,宣传部）；

④ 杭州市高校羽毛球交流赛（竞赛部、器材部、秘书处,宣传部,外联部）；

⑤ 宣传周闭幕晚会（全体人员）。

（3）会员羽毛球课程（培训部）。

（4）会员羽毛球知识、裁判培训（竞赛部、培训部、秘书处）。

（5）运动安全知识讲座（培训部、宣传部）。

（6）校羽毛球"三对三"大赛（器材部、竞赛部、培训部、秘书处）。

（7）志愿者活动（外联部）。

（8）俱乐部春/秋游。

五、小型羽毛球赛事的组织

随着羽毛球运动在群众中的普及和推广,小型的羽毛球球赛事的举办也随之增加。在校园内如何组织小型羽毛球赛事,主要从赛前筹备、赛中管理及赛后处理三方面入手。

（一）赛前筹备

（1）确定比赛名称、项目,制定规程。

（2）制作宣传海报,安排宣传人员。

（3）活动经费预算,购买奖状、奖品。

（4）联系赞助商提供资金支持。

（5）准备场地及相关器材。

（6）确定裁判组人员、计分组人员,落实具体工作。

（7）报名表的制作、收集、汇总。

（8）竞赛编排。

（9）制作秩序册。

（10）制作成绩公告栏。

（11）召开领队、教练员会议。

（二）比赛过程工作安排

（1）裁判人员分工,每节比赛开赛前集中开会。

（2）分派场地、领取比赛相关器材及表格。

（3）每节首场比赛进行入场式。

（4）比赛过程中保持比赛有序、安全进行。

（5）及时在成绩公告栏公布比赛成绩。

（三）赛后工作安排

（1）打印奖状，颁发奖品。

（2）成绩汇总，制作成绩册。

（3）集体合影，整理收集相关文字、影像资料。

（4）安排好相关人员对场地进行清扫整理。

（5）撰写新闻稿。

第二节　羽毛球竞赛的方法与编排

一、羽毛球竞赛循环制方法与编排

参加比赛的队（人）相互之间按程序轮流比赛一次称为单循环赛。其持点是所有参加比赛的队（人）相互之间都要比赛一次，参赛的队比赛机会多、机会均等。但一次比赛所需的场地多、比赛时间长，如果参赛的队（人）数较多时，就要分组、分阶段进行比赛。

（一）比赛次序的确定

羽毛球比赛的单循环制，比赛次序采用的是"1"号位固定的逆时针轮转法。以 4 个队为例：

第一轮	第二轮	第三轮
1——4	1——3	1——2
2——3	4——2	3——4

如果参赛队数是单数，则末位加"0"，遇"0"的队，该轮轮空。以 5 个队为例：

第一轮	第二轮	第三轮	第四轮	第五轮
1——0	1——5	3——4	1——3	1——2
2——5	0——4	5——3	4——2	3——0
3——4	2——3	0——2	5——0	4——5

当在一组循环赛中有两人（对）来自同一个队时，比赛的次序应作适当的改变，按国际羽联的办法是同队的运动员必须最先相遇进行比赛，以避免同队的运动员在比赛中故意输球而造成不公平的情况出现。

（二）比赛轮数的计算方法

（1）参赛人（队）数为双数时，轮数＝参赛人（队）数—1。

如：有 8 个队进行单循环赛，轮数为 8—1＝7 轮。即 8 个队进行单循环赛，共要进行 7 轮比赛。

（2）参赛人（队）数为单数时，轮数＝参赛人（队）数。

如：有 7 个队进行单循环赛，共要进行 7 轮比赛。

(三) 比赛场数的计算方法

$$比赛场数＝\frac{参赛人数或队数×(参赛人或队数—1)}{2}$$

或   比赛场数＝每轮的比赛场数×轮数

例如：有 8 个队进行单循环赛，共要进行的比赛场数是：8×(8—1)/2＝28 场。或：8 个队每轮 4 场比赛，共 7 轮，比赛总场数＝4×7＝28 场。

(四) 循环赛比赛名次的确定

循环赛的比赛名次应以下列方法依次确定：

(1) 以胜次多少排列，胜次多者列前。

(2) 两者胜次相同的，两者间比赛的胜者名次列前。

(3) 三者(或三者以上)胜次相同，则依次以他们在本阶段(组)内全部比赛的净胜场、局、分来决定名次，只要任意出现有两者净胜场(局、分)相同时，即以他们两者之间的胜负决定名次。

(4) 如果三者(或三者以上)净胜分也相同时，则以抽签方法决定名次的排列。

表 8-1 为某次三场制团体赛的循环赛成绩。

表 8-1　某次三场制团体赛的循环赛成绩

	A	B	C	D	胜次	净胜	名次
A		2∶1	1∶2	2∶0	2	＋3	3
B	(2∶0)(0∶2)(0∶2)		2∶1	2∶0	2	＋4	2
C	(2∶0)(1∶2)(2∶0)	(2∶0)(0∶2)(0∶2)		2∶0	2	＋5	1
D	(0∶2)(0∶2)	(0∶2)(0∶2)	(0∶2)(0∶2)		0		4

说明：虽然 A、B、C 队胜次相同。但 C 队净胜局为 5，B 队净胜局为 4，所以名次依次为 C、B、A、D 队。

二、羽毛球竞赛淘汰制方法与编排

淘汰制又分为双淘汰和单淘汰。

双淘汰赛：将所有参赛的选手或队编成一定的比赛秩序，由相邻的两个选手或队进行比赛，胜者进入下一轮比赛，负者与相邻的负者比赛。负两场者被淘汰，仅负一场者为亚军，全胜者为冠军。

单淘汰赛：羽毛球竞赛常用的方法。它是将所有参加比赛的选手或队，按

2 的乘方数成对地进行比赛,负者淘汰,胜者进入下一轮比赛,直至最后一名胜者为冠军。单淘汰赛的特点是对抗性强,比赛从低潮逐步走向高潮,在时间短、场地少的情况下可安排较多的参赛者,但比赛机遇不均等,名次带有一定的偶然性。下面对单淘汰赛进行详细讲解。

(一)比赛次序的确定

参加比赛的人(对)以 2 的乘方数(4、8、16、32……)成对地进行比赛,胜者进入下一轮,负者淘汰,直至最后一名胜者。每次当比赛的轮次进行到还剩 8 名(对)运动员进行争夺进入前 4 名的比赛称为四分之一决赛,当还剩 4 名(对)运动员争夺进入前两名的比赛称为半决赛,最后争夺冠军的比赛就是决赛了。半决赛的两名(对)负者并列第 3 名。四分之一决赛的 4 名(对)负者并列第 5 名,如果增加附加赛就可以决出第 2 名以后的名次。单淘汰比赛秩序见图 8-3。

图 8-3　单淘汰比赛秩序

(二)轮空

参赛人数正好等于 2 的乘方数,第一轮比赛就不会产生轮空。如果参赛的人数不是 2 的乘方数,则第一轮比赛将有轮空。正常情况下轮空位置只能出现在第一轮的比赛时(第一轮比赛有弃权,在第二轮出现轮空的除外)。

(三)轮空数

轮空数是比参赛人数大一级的 2 的乘方数减去参赛人数。例如:有 30 人进行单淘汰赛,第一轮的轮空数是 32—30＝2 个轮空。

（四）轮空位置

轮空位置应平均地分布在上、下半区，或者1/4区、1/8区，轮空数为单数时上半区多一个轮空。上半区的轮空位置应在1/4区、1/8区的顶部；下半区的轮空位置应在1/4区、1/8区的底部。具体可参照《羽毛球竞赛规则》中种子及轮空位置分布图。

（五）单淘汰赛比赛次序表的制作

羽毛球单淘汰赛的比赛次序表，只需列出实际参赛人数即可，因为有时轮空位置较多的话就不必将轮空位置都画出。根据规则中轮空位置分布的规律，可以采用简易方法画出羽毛球单淘汰赛比赛次序表。其步骤是：

（1）从上到下写下全部实际参赛人（对）数的序号。

（2）分上、下半区：将写下的序号上下平分，如果是单数，上半区。

（3）分1/4区：首先将上半区平分为第一个1/4区和第二个1/4区，如果是单数，第一个1/4区少一个；再将下半区平分为第三个1/4区和第四个1/4区，如果是单数，第四个1/4区少一个。在每两个区间都画一横线作为记号。

（4）分1/8区：首先将第一个1/4区分为第一个1/8区和第二个1/8区，如果是单数，第一个1/8区少一个；将第二个1/4区分为第三个1/8区和第四个1/8区，如果是单数，第三个1/8区少一个；将第三个1/4区分为第五个1/8和第六个1/8区，如果是单数，第六个1/8区少一个；将第四个1/4区分为第七个1/8区和第八个1/8区，如果是单数，第八个1/8区少一个。在每一个1/8区间也画一横线作为记号。

要注意，参赛人（对）在16以下就不必分1/8区，只要分到1/4区就可以；参赛人（对）数在28~31时只要分到1/4区（因为轮空数不超过4个）就可以；参赛人（对）数在17~27和33~59时就要分到1/8区（因为轮空数超过4个）；而参赛人（对）数在65以上时，就应将轮空数分至1/16（因为轮空数超过8个）。将同一个1/8区（或1/4区）第一轮不轮空的两个相邻位置连接，则成第一轮相遇的比赛。

（六）每个区位位置数的计算方法

（1）上、下半区的位置数计算方法：用实际参加人（对）数除以2，如果参加人（对）数是单数，则下半区多一个。例如，参赛者是31人，那么上半区应有15个位置，下半区应有16个位置。

（2）1/4区位置数的计算方法：用实际参加人（对）数除以4，即为每个1/4区的位置数，如果有余数，第一个余数应在第三个1/4区，第二个余数应在第二个1/4区，第三个余数则应在第四个1/4区。例如，参赛者是35人，则第一个1/4区有8个位置，其余三个1/4区各有9个位置。

（3）1/8区位置的计算方法：以实际参加人（对）数除以8，即为各1/8区的位置数，如果有余数，第一个余数在第五个1/8区，第二个余数在第四个1/8

区,第三个余数在第七个 1/8 区,第四个余数在第二个 1/8 区,第五个余数在第六个 1/8 区,第六个余数在第三个 1/8 区,第七个余数在第八个 1/8 区。例如,参赛者是 28 人,则第一、第三、第六、第八四个 1/8 区各有 3 个位置,其余四个 1/8 区各有 4 个位置。

(七)种子选手

为使比赛的结果符合参赛运动员的实际水平,把技术水平较高的运动员列为种子选手,以便在抽签时平均分布在不同的区域,使比赛的结果更为合理。

(1)种子数:参赛人数 15 人以下设两名种子;16～32 人设 4 名种子;32～63 人设 8 名种子;64 人以上设 16 名种子(在实际操作时,可根据情况适当增减)。

(2)种子的位置和种子的进位:1 号种子在上半区的顶部即"1"号位;2 号种子在下半区的底部。

(3)4 号种子抽签进入第二个 1/4 区的顶部和第三个 1/4 区的底部;5、6、7、8 号种子抽签进入第二、第四个 1/8 区的顶部和第五、第七个 1/8 区的底部。

(八)非种子选手的抽签进位原则

同队的运动员必须做到最后相遇,即一个队只有 1 名(对)参赛者的可以进入任何位置;一个队有 2 名(对)参赛者的必须分别进入上下半区;一个队有 3～4 名(对)参赛者的必须分在不同的 1/4 区;一个队有 5～8 名(对)参赛者的必须平均分在上下半区、1/4 区和 1/8 区。

三、羽毛球竞赛混合制方法与编排

羽毛球分阶段比赛时,各阶段经常采用不同的竞赛制度,如第一阶段采用循环赛,第二阶段采用混合制。在第一阶段比赛结果出来后如何进入第二阶段的比赛位置有两种方法可选择:第一种是固定位置;第二种是再次抽签或小组第一名固定进位、小组第二名再次抽签进位。它集不同赛制之长处,使比赛结果既能比较客观地反映运动员的真实水平,又能在短时间内完成比赛任务。

例如:某次比赛有 16 个队,第一阶段分 4 个小组进行单循环赛,第二阶段由各小组的前两名共 8 个队进行单淘汰决出 1～8 名。

(一)第二阶段位置领先固定

小组的第 1 名和第 2 名都进入第二阶段的固定位置。由于是预先知道第二阶段的位置,所以可能会造成有人在小组赛时故意输球,产生不争小组第 1 名而只争小组第 2 名的问题。

(二)第二阶段抽签进位

如果小组的第 1 名进入固定位置,而小组的第 2 名则等第一阶段小组比赛结果出来后,再抽签进位,这样就在一定程度上避免了打假球的可能性。一般的原则是 A、B 组的第 2 名抽签进入下半区的位置,而 C、D 组的第 2 名则抽签进入上半区的位置。

需要注意的是,在第一阶段进位时,一号种子应进入 A 组,二号种子进入 D 组,这样才能使第一、第二阶段相配。

第三节　羽毛球运动"三对三"竞赛方法与特点

一、羽毛球运动"三对三"竞赛规则及方法

所谓三对三,顾名思义就是三个人对三个人,因此在发球、站位以及一些打法等方面有特别的规定和要求。当然,发球、接发球的站位等基本原则仍要遵循羽毛球的双打规则,如得分为偶数时发球一方站在右半区发球,得分为奇数时发球一方站在左半区发球。

(一)羽毛球运动"三对三"比赛规则发球、接发球原则

(1)比赛前每队确定第一、第二、第三发球队员和接发球队员,分别为 A 队(A1、A2、A3)、B 队(B1、B2、B3)。

(2)确定发球队员和接发球队员的次序。如果是比赛,要在赛前将次序单交给裁判,如果是平时打着玩,则双方在开球前沟通好。

(3)打"三对三"比赛,按照 A1——B1、A2——B2、A3——B3 的顺序依次进行发球和接发球,这一顺序固定不变。

(4)发球时有效区域以双打比赛规则为准,接发球方只允许一名选手位于接发球区域内。发球结束后,选手站位不限,发球员的同伴(包括自由选手)的站位不限,但不能阻挡接发球员的视线。

(5)对于发球时间,从上一回合结束,到发球员将球发出的时间不得超过 10 秒钟。

(二)羽毛球运动"三对三"比赛规则的站位原则

打三对三前,首先要明确三人的分工和站位,通常情况下,网前技术好或者实力较弱的那个人站在网前,进攻能力强的人站在后排。当比赛开始后,三个人的位置可以轮换,但一定要注意保持合理的阵型。

(三)胜负判定方式

(1)比赛采用计时方式,即在规定时间内分数高的一方获胜。

① 比赛时间共 20 分钟,上、下半场各 10 分钟(中间有 2 分钟间歇),时间由计时器显示。

② 在规定比赛时间结束时,如果比赛仍在进行中,则打完这一回合后结束比赛;如果此时双方比分相同,须加赛一球决胜。

③ 从下半场比赛时间还剩 30 秒时开始，每回合死球至下一次球发出前，计时停止，当球重新发出时开始计时。

④ 比赛赛事组织方可根据报名参赛队伍数量调整比赛时间。

（2）按计分方式进行：胜负与目前双打比赛规则一致。

（四）场地有效区域

（1）以国际羽联规则规定的双打比赛区域为准。在一场比赛中，运动员未经裁判员允许，不得离开场地。

（2）在 2 分钟间歇时，运动员在裁判员允许的情况下，以短时间离开场地，但不得延误比赛。

（五）比赛弃权

（1）比赛进行中凡因伤病或其他原因不能继续比赛者按本场比赛弃权处理。

（2）按照比赛规定的时间，迟到 5 分钟一方的运动员，按本场比赛弃权处理。

（六）比赛因伤暂停、技术暂停的规定

（1）在全场 20 分钟比赛中，一方运动员因伤病处理暂停比赛不得超过一次，处理时间不超过 5 分钟。因伤暂停时，受伤一方教练员和大会医生可以进入场地。伤停时间内，比赛计时停止；伤停结束，运动员回到场内，计时重新开始。

（2）在上半场比赛中，一方运动员的得分为 15 分时，双方进入技术暂停，暂停时间为 30 秒。

（3）在下半场比赛中，双方运动员各有一次暂停机会，暂停时间为 30 秒。该次暂停须由运动员提出，并经过裁判员允许，方可进行。

（4）如果采用计分方式，暂停方式参照目前双打比赛规则。

二、羽毛球运动"三对三"战术特点简介

羽毛球运动"三对三"的基本原则仍需遵循羽毛球的双打规则，但由于场上增加了一个人，因此在发球、站位、打法等方面有特别的规定和要求。三对三最大的特点是由于都不太轻易起高球，平抽挡会比较多，球的运转速度大大加快了，这对提高业余球友的技术会很有帮助。该项目特有的技战术特点如下。

（一）接发球的站位技术

羽毛球"三对三"的接发球站位要注意保持三角形。虽然在发球时，不参与发球、接发球的队员可以站在任何区域，但也要注意自己的站位不能影响发球和接发球的队友。所以一般来说，接发球一方的另外两名队员应在场地的另一侧前后站位，而把接发球区全部让给接发球的队友，并注意在队友接发后立刻

补位。以在右侧接发球为例,如果对方发前场球,站在左侧后边的队员要迅速移动到右侧后边场地补位,同时左侧前边队员相应后撤一点;如果对方发后场球,站在左侧前边的队员要迅速向右移动,同时左侧后边的队员要相应前移。总体上,三个队员的站位要保持三角形。

(二) 比赛中的站位技术

羽毛球运动"三对三"比赛过程中要注意"前后分工,中间补充"。

首先要明确三人的分工和站位,通常情况下,网前技术好或者实力较弱的那个人站在网前,在前场做出左右移动。进攻能力强的人站在后排,同样可以根据形势在后场做出左右移动。

中间队员则要根据场上的形势及时补位。当双方打起来以后,三个人的位置可以轮换,但一定要注意保持合理的三角阵型。

进攻阵型:当一方处在进攻状态下,后场只保留一个人不断地进攻,而前场则有两名选手进行封网。

防守阵型:防守时后场保持两个人,前场保持一个人,两个防守队员守住对方的进攻线路,前场的队员则警惕对方的网前球,当对方进攻时,前场队员则低下头,把球让过去,两名防守的队员也需要尽量地把对方的进攻球顶回后场,不要轻易挡网。

(三) 比赛中的注意事项

(1) 相对双打来说,发球时偷后场的频率可能会比较多,因为三对三时发球的队员不需要发完球往后退。

(2) 注意避免碰撞。尤其对于普通大学生而言,因为技术水平有限,在场地内增加一个人,相互间的碰撞会增加。因此,三个人在打球的过程中一定要在及时补位的同时注意避让,相互间要保持一定的空间,避免球拍打到自己队友的身上。另外,处于网前的队员要眼睛朝前看,不要回头张望,否则很容易被后场杀球的同伴打到眼睛。

思考题

1. 列举羽毛球临场裁判员在竞赛前的准备工作。

2. 羽毛球单循环制的轮数、场数如何计算?

3. 制作一张羽毛球 21 人的单淘汰制比赛秩序表。

4. 羽毛球运动"三对三"如何计算胜负?

参考文献

［1］中国人民共和国体育运动委员会.中国教练员岗位培训教材［M］.北京：人民教育出版社,1995

［2］郁鸿骏,戴金彪.羽毛球裁判手册［M］.北京：人民体育出版社,2000

［3］张勇,张锐,王丽.羽毛球［M］.北京：北京大学出版社,2003

［4］于素梅,李志杰,苏明杰.体育与健康课常见运动伤病防治［M］.北京：北京体育大学出版社,2003

［5］程路明,郑其适,王少春.羽毛球［M］.北京：高等教育出版社,2006

［6］肖杰,刘萍萍,刘勉.羽毛球［M］.南京：江苏科学技术出版社,2008

［7］黎加林,蒋炳长.乒乓球·羽毛球运动［M］.长沙：湖南科学技术出版社,2005

［8］于清,袁吉.运动心理学［M］.长春：吉林大学出版社,2010

［9］彭美丽.羽毛球技巧图解［M］.北京：北京体育大学出版社,2001

［10］彭美丽,侯正庆.羽毛球［M］.北京：北京体育大学出版社,1998

［11］王蒲,许庆发,李建军.乒乓球羽毛球网球［M］.桂林：广西师范大学出版社,2000

［12］张博,邵年.羽毛球［M］.北京：人民体育出版社,1997

［13］潘绍伟,于可红.学校体育学［M］.北京：高等教育出版社,2005

［14］沙海霞.羽毛球运动对大学生身体形态及健康体适能的影响［D］.吉林大学博士学位论文,2010

［15］杨晓东.羽毛球专项训练对身体素质及相关因素影响的分析与研究［D］.辽宁师范大学硕士学位论文,2011

［16］李萍.体育舞蹈对女大学生身心健康水平的影响［D］.广州大学硕士学位论文,2012

［17］张亚廷.湖北省高校男子羽毛球运动员专项运动素质评价指标的研究［D］.武汉体育学院硕士学位论文,2007

［18］马嵘.不同运动方式和情境对大学生社会性体格焦虑影响的实验研究［D］.华东师范大学博士学位论文,2008

［19］赵誉民.运动对心血管系统的影响及其机制［J］.体育科技,1988(6)

［20］郭洁民.大学生羽毛球运动员赛前情绪与心理准备［J］.体育成人教育学刊,2007(2)

［21］黄聪敏.不同选项课影响男大学生心血管机能的比较研究［J］.科学之

友,2011(5)

[22]掌玉红.不同球类运动队大学生焦虑和抑郁的影响探究[J].边疆经济与文化,2010(10)

[23]李学砦.不同锻炼项目、强度和时间对大学生焦虑、抑郁及自我概念的影响[J].中国临床康复,2005(2)

[24]曹犇,薛晋智,罗艳芳,尹德雷.羽毛球运动对颈椎轻度退行性变防治的影响[J].哈尔滨体育学院学报,2012(6)

[25]朱其跃.羽毛球运动对改善社交焦虑人群现状的作用[J].科技信息,2011(8)

[26]朱国苗,华夏,周静,李莉,王建伟.健康教育配合颈椎导引术预防颈椎病效果队列研究[J].上海中医药杂志,2012(46)

[27]张兰芳,二伯打羽毛球治好颈椎病[J].药物与人,2010(9)

[28]解玉明.常打羽毛球防治肩周炎[J].科学,2011(10)

[29]魏杭庆.羽毛球运动对残疾人抑郁情绪形态机能的康复作用[J].现代康复,2001(4)